지리학이
중요하다

지리학이
중요하다

세계는 지리로 작동한다

Geography
why it matters

알렉산더 머피 | 김이재 옮김

김영사

지리학이 중요하다

1판 1쇄 발행 2022. 10. 7.
1판 2쇄 발행 2024. 4. 26.

지은이 알렉산더 머피
옮긴이 김이재

발행인 고세규
편집 박보람 디자인 조명이 마케팅 고은미 홍보 이한솔
발행처 김영사
등록 1979년 5월 17일(제406-2003-036호)
주소 경기도 파주시 문발로 197(문발동) 우편번호 10881
전화 마케팅부 031)955-3100, 편집부 031)955-3200 | 팩스 031)955-3111

값은 뒤표지에 있습니다.
ISBN 978-89-349-4065-4 03300

홈페이지 www.gimmyoung.com   블로그 blog.naver.com/gybook
인스타그램 instagram.com/gimmyoung   이메일 bestbook@gimmyoung.com

좋은 독자가 좋은 책을 만듭니다.
김영사는 독자 여러분의 의견에 항상 귀 기울이고 있습니다.

내 평생의 지지자이자 친구로서
우리 주변의 세계에 대해
더 깊게 사고하도록 이끌어준 고마운 형,
타가트 머피R. Taggart Murphy를 위해

한국어판 서문

《지리학이 중요하다》를 한국 독자들에게 선보일 수 있게 되어 매우 기쁘게 생각합니다. 제가 가장 최근 한국을 방문한 건 2019년 가을이었는데, 대한민국 학술원과 국립외교원의 초청을 받아 강연을 하는 기회를 얻었습니다. 서울에서 다양한 경험을 하고 따뜻한 환대를 받으며 한국이 저에게 얼마나 특별하고 중요한 나라인지 깨달을 수 있었습니다. 특히 제가 한국을 다녀간 후 이 책의 한국어판이 출간된다는 소식을 들어 더욱 반갑고 감사했습니다.

  저에게 한국은 무척 매력적인 곳이었습니다. 빼어나게 아름다운 자연, 오랜 역사와 풍부한 문화유산 외에도 급속한 경제 발전이 경이로웠습니다. 한국은 일제 식민 통치와 참혹한 전쟁을 치뤘음에도 사회적·경제적으로 힘든 상황을 극복하고 전 세계에 경제적·문화적으로 막강한 영향력을 행사하는 현대적이고 역동적인 사회로 눈부시게 변화했습니다. 한국의 빠른 변화는 사람과 물건의 분포, 개별 장소의 특성, 장소 간의 관계와 인간-환경과의 상호작용에 막대한 영향을 주고 있으며, 한국인에게 지리적 문해력은 급변하는 세상에서 생존하고 번영하기 위해 필수적인 역량이 되고 있습니다. 하지만 한국에서도 미국처럼 그 어느 때보다 중요해진 지리적 문해력의 중요성이 간과되고 있습니다. 심지어 지리가 지명이나 산, 강, 국가, 도시의 이름을 맥락 없이 암기하는 지루한 과목으로 오해받고 대학 및 학계에서 지리학이 홀대받고 있다고 하니 안타깝습니다. 특히 제가 국립외교원에서 강연을 한 첫 번째 외국인 지리학자이며 한국의 외교관 양성 커리큘럼에서 지리학이 부재하다는 사실을 지난 서울 방문을 통해 알게 되어 충격을 더했습니다.

한국에 출간되는 《지리학이 중요하다》가 한국 사회 전반에 걸쳐 지리교육과 지리학의 중요성을 인식하고 논의하는 계기가 되기를 바라는 마음입니다. 실제로 《지리학이 중요하다》는 미국뿐 아니라 세계 여러 나라에서 비슷한 효과와 반응을 불러일으켰습니다. 최근 미국 대학에서 《지리학이 중요하다》가 교재로 채택되는 경우가 늘어나고 있고, 스페인어판이 스페인뿐 아니라 스페인어를 사용하는 국가에서 주목받고 있습니다. 특히 중국에서는 베이

징대학에서 출간된 중국어판 전자책이 20만 독자에게 읽혔다고 합니다. 부디 한국어판도 많은 한국 독자들의 사랑을 받길 바랍니다. 지리적 이해가 현대 사회의 많은 문제를 직면하고 해결하는 과정에서 왜 그리고 어떻게 도움을 주는지 알리고 지리학이 더 큰 사회적 영향을 끼치길 바랍니다.

한편 지리 문맹이 급증하는 현실은 긴급하게 해결해야 할 심각한 문제입니다. 저는 이 책에서 지구상에서 발생하는 모든 현상의 공간 구조, 개별 장소의 위치와 특성에 대한 이해, 인간과 자연환경 간 상호 연관성에 대한 지리학자의 관심이 지정학, 사회, 경제학, 기술, 지속가능성(환경적) 문제를 다루는 데 얼마나 중요한지를 강조했습니다. 실제로《지리학이 중요하다》가 출간된 이후 지구적 문제에 대해 관심을 가져야 할 이유는 더 커졌습니다. 코로나19 전염병 확산과 2022년 우크라이나-러시아 전쟁이 촉발하는 지정학, 지하자원, 문화적 역동성(변화)을 제대로 이해하고 대처하려면 지리적 통찰은 필수이기 때문입니다.

어떤 독자는 이 책이 비슷한 제목의 하름 데 블레이Harm De Blij의《왜 지금 지리학인가Why Geography Matters》와 유사한 책이라는 느낌을 받을 것 같습니다. 최근 작고한 그는 실제로 저의 오랜 친구이기도 하고 저와 공저로 책을 쓰기도 했습니다. 또, 저의 한국 방문 과정에 도움을 주었습니다. 하름 데 블레이의 책이 주로 지정학에서 지리의 중요성에 초점을 맞추고, 외교관 등 국제 문제에 관심이 있는 독자들의 주목을 받았다면, 이 책은 그의 계보를 잇기는 하지만 좀 더 넓은 측면에서 지리학을 소개하고 있습니다. 이 책을 읽은 한국의 학생과 일반 대중이 지리적 렌즈를 통해 세상을 본다는 것이 어떤 것인지를 이해하고, 왜 지리적으로 세상을 보는 것이 중요한지 깨닫기를 바랍니다.

《지리학이 중요하다》를 김이재 교수가 번역해주어 더 반갑고 고마운 마음입니다. 2019년 한국 방문 때 김이재 교수는 저에게 한국에 대해 많은 이야기를 들려주었습니다. 특히 북한과 대치하고 군사분계선(휴전선) 남쪽 지역을 포함해 다양한 지역을 답사하는 과정에서 동행하고 안내해주었습니다. 그동안 책과 방송 등 다양한 방식으로 한국 사회에서 지리의 힘과 중요성을 알려온 김이재 교수가 한국인의 지리적 문해력 향상을 위해 최근 '지리 문맹 탈출' 운동을 시작했다는 소식이 반가웠습니다. 또한 김이재 교수가 오랜 기간 공들여 쓰고 있는 '빅 지오그래피' 시리즈가 성공적으로 출판되고, 한국인의 지리적 상상력을 넓히고 지리적 이해를 깊게 하고자 애쓰는 그녀의 모든 노력에 행운이 함께하길 바랍니다.

　오랫동안 세계의 중요한 지역이었던 동아시아는 저에게 굉장히 매력적인 지역입니다. 《지리학이 중요하다》가 동아시아에서도 특별한 의미를 지닌 한국의 독자들에게 호기심을 불러일으키고 새로운 아이디어를 제공하길 바랍니다. 다시 방한해서 한국에 대해 좀 더 배우고 이 책을 읽은 독자들을 만나 서로의 생각과 관점을 나누는 기회가 생기기를 희망합니다.

알렉산더 머피

미국, 오리건 주, 유진

2022년 9월

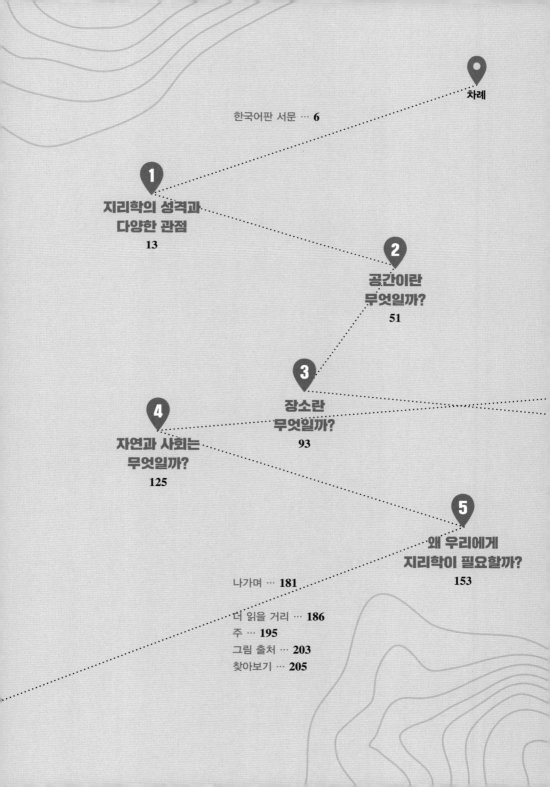

일러두기

• 이 책은 Alexander B. Murphy의 Gegraphy: Why It Matters(Cambridge, UK: Polity Press, 2018)를 번역한 것으로, 한국 독자의 이해를 돕기 위해 원서에 없는 일부 도판을 저자의 허락을 받고 추가했다.

• 이 책의 맞춤법과 외래어 표기는 국립국어원의 어문 규정과 용례를 따랐다.

1

지리학의 성격과
다양한 관점

지리적 상상력을 발휘해 1960년대 초 아프리카의 차드 호수Lake Chad로 한번 가보겠습니다. 신생 독립국가인 차드, 카메룬, 나이지리아, 니제르 4개국과 국경을 공유하는 차드호는 아프리카에서 가장 큰 호수입니다. 이 호수에 의존해서 살아가는 사람만 해도 수백만 명에 달합니다. 호수에서 식수와 먹거리를 얻는 주민은 대부분 호수에서 잡은 물고기로 생계를 이어가는데, 최근에는 농업과 목축업을 통해 식량을 생산하는 주민도 생겼습니다. 차드호 근방에서 벌어지는 다양한 종족과 집단 사이의 긴장과 갈등 상황에 대한 끔찍한 이야기도 들리겠지만, 걱정하는 것처럼 그렇게 심각한 무력 충돌이 일어나지는 않을 겁니다.

차드호 주변 지역을 탐사하다 보면 울창한 삼림도 일부

는 남아 있겠지만, 건기가 길어지며 풀과 나무가 말라 죽는 상황도 목격할 수 있을 겁니다. 이 지역의 생태계가 얼마나 민감한지 바로 알아차릴 수 있습니다. 불행 중 다행으로 차드호를 공유하는 4개국 정부가 나서서 차드호 분지 개발을 위한 협정을 체결하고 공동 관리 계획을 수립해 나가면서 희망의 씨앗이 싹트고 있습니다.

오늘날 차드호 지역은 급격한 변화를 겪었는데, 1960년대와 비교하면 당시 호수 면적의 10퍼센트만 남아 있습니다.* 호수의 90퍼센트가 사라지는 동안 인구는 두 배나 늘었으니 환경 파괴도 심해지고 호수에 서식하는 어류 자원도 이전과는 비교할 수도 없는 수준으로 급감했습니다(그림 1_1). 버려진 마을이 하나둘씩 생기고 난민을 위한 임시 피난처가 들어서는 등 호수 인근 지역이 황폐해졌고요. 호수의 물이 줄고 물고기가 잘 잡히지 않으면서 어업을 포기하고 농사를 짓거나 목축을 하는 주민도 늘어나고 있습니다. 목초지가 농경지로 바뀌면 한정된 토지를 둘러싼 갈등이 커질 수밖에 없습니다. 실제로 차드호 인근 분지를 활용하고자 하는 국가 간 긴장이 고조되면서, 관리 당국과 주민들 사이에서 발생하는 갈등의 골도 계속 깊어지고 있습니다.

2000년대 초 나이지리아 북부 지역을 본거지로 세력

* 1960년대 차드호 면적은 약 26,000km²로 대한민국 면적(약 100,000km²)의 4분의 1에 달했으나, 현대 1,600km²에 불과하다. – 역자

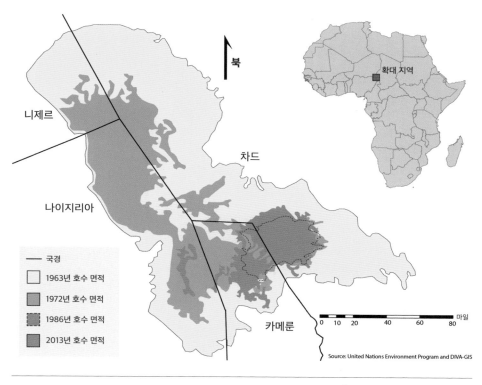

니제르

차드

나이지리아

북

확대 지역

카메룬

국경
1963년 호수 면적
1972년 호수 면적
1986년 호수 면적
2013년 호수 면적

마일
0   10   20   40   60   80

Source: United Nations Environment Program and DIVA-GIS

1_1 📍 차드호 면적의 급격한 축소

● 2002년 결성된 나이지리아의 이슬람 극단주의 테러 조직으로 이슬람 신정국가 건설을 목표로 하고 있다. - 역자

을 확장해나가던 급진적인 지하드 저항운동 세력인 보코하람Boko Haram⁺이 내란을 일으켰습니다. 엄격한 샤리아법Sharia law 원칙(대다수는 이 원칙이 순수성을 잃었다고 봅니다)에 입각한 순수한 이슬람 국가 수립이 목표인 보코하람이 차드호 쪽으로 진군하자 서방국가의 지원을 받은 독재 정부는 이에 군사적으로 대응했습니다. 그 결과 200만 명이

넘는 주민이 고향을 떠나 난민으로 전락했고, 무력 충돌과 납치로 수천 명이 목숨을 잃었습니다. 지역 주민의 약 20퍼센트가 영양실조에 걸릴 정도로 차드호 인근에서 극심한 식량 위기가 발생하기도 했습니다.

차드호 분지Lake Chad Basin, LCB에서 일어난 심각한 문제와 끔찍한 참사가 대중의 주목을 받지 못한 이유는 무엇일까요? 2017년 말, 미국 주간지 〈뉴요커New Yorker〉는 차드호 분지를 세계에서 가장 복합적이고 인도주의적 문제가 산적한 재난의 장소로 집중 조명하기도 했지만,[1] 실제로 차드호 분지 상황을 정확히 알고 있는 사람은 극소수에 불과합니다. 국제원조단체나 일부 전문가만 차드호 분지 문제를 제대로 파악하고 있을 정도로 차드호 분지 지역 상황은 매우 복잡하게 얽혀 있습니다.

일단 차드호 면적의 장기적인 변화는 자연의 힘에 의한 것이지만, 20세기 후반 들어 차드호의 표면적이 급격하게 줄어든 원인은 인구 증가 때문입니다. 인구가 늘어나면서 관개농업의 확장과 대규모 수출용 상품작물 재배가 늘어났습니다. 또한 전 지구적으로 화석연료 사용량이 증가하고, 유럽의 대기가 오염되고 대기 순환 방식이 변하는 등 기후변화의 속도가 빨라지면서 가뭄이 악화되었습니다. 설상가상 수십 년 동안 무능한 지도자가 통치하는 가운데 경제적 빈곤이 이어지면서 많은 주민이 급변하는 환경에

1_2 📍 여러 요인으로 메마르고 있는 차드호 풍경

대한 적응력을 상실했습니다. 이러한 위기를 틈타 급성장한 보코하람 세력이 2000년대 초반 서남아시아와 북아프리카 전역에 걸쳐 급진적인 이슬람의 물결을 확산시켰습니다. 여기에 아프리카의 사하라사막과 남쪽의 습윤 지역 사이의 반건조 지대인 사헬Sahel에 대한 국제적 무관심이 더해지면서 현지 상황은 더 나빠졌습니다.

　차드호 분지에서 일어나는 복잡한 문제를 단번에 해결할 수 있는 마법은 없습니다. 하지만 아주 기초적인 지리

지식을 갖추지 못하면 이곳에서 일어난 현상을 제대로 이해하는 것조차 불가능합니다.

입지와 장소적 특성은 매우 중요합니다. 앞서 설명한 상황들은 지표상의 특정 지역에서 자연환경과 인간의 활동이 결합되어 나타난 독특한 결과이고, 지구상에 자연적·사회적으로 이와 똑같은 환경문제를 겪고 있는 곳은 없습니다. 강수량은 수십 년 전부터 줄어들었으며, 새롭게 그어진 국경과 세력권이 변화되면서 전통적인 사람과 물자의 흐름이 단절되었습니다. 폭력적 반란과 군사적 대응으로 많은 인명이 희생되었고, 현지 종족 간 갈등, 식민 통치로 왜곡된 현실, 경제적·정치적 이익만을 좇는 외국 정부와 기업의 개입 등으로 인해 사회적·경제적 격변이 계속되었습니다. 이러한 지리적 배경의 특수성은 이 지역에서 일어난 문제를 설명하고, 지역 이해에 기초한 문제 해결의 장점과 한계를 평가하는 기반이 됩니다.

자연환경과 인간은 서로 긴밀하게 연관되어 있습니다. 차드호 분지 지역 문제 역시 자연적 요소와 인간적 측면 중 어느 한쪽만 고려해서는 안 됩니다. 다양한 문제는 자연환경과 인문환경이 결합되어 나타나며 예상치 못한 방향으로 전개되기 때문입니다. 예를 들어 1970~1980년대 자연환경과 인간의 영향으로 차드 호수의 면적이 감소하자 체체파리 숫자가 급증했습니다. 그 결과, 호수 인근 섬의 주민들이 기르던 소떼가 체체파리 때문에 질병에 걸렸습니다. 감염이 계속 확산되자 섬 주민들은 인근 지역으로 이주할 수밖에 없었고, 지역의 생태적·인종적 균형이 깨지며 갈등이 심화되었습니다. 만일 우리가 인간·자연환경 중에서 한 요소만 고려한다면, 차드호에서 일어난 문제와 그 원인을 제대로 규명할 수 없겠지요.

공간적 변화spatial variations에도 주목할 필요가 있습니다. 차드호 분지 지역에서 어떤 문제가 발생했고 위기를 어떻게 풀어가야 할지를 결정하려면, 우선 이 지역의 자연환경 및 인문경관human landscape이 어떻게 변화해왔는지 그 양상을 계속 기록하고 분석할 필요가 있습니다. 원격 감지 및 지상 데이터 수집을 통해 호수의 표면, 주변 식생, 정착 패턴의 변화를 지도화하고 분석하는 작업이 선행되어야 합니다. 그래야 호수의 특성을 변화시키고 호수에 의존해 살아가는 사람들의 삶을 파괴하는 환경적·인간적 요인이 무엇인지 그 원인을 정확히 파악할 수 있습니다. 실제로 영양실조는 차드호 분지 지역에서 가장 심각한 문제인데, 어떤 곳에서 영양실조가 가장 심하거나 덜한지 공간적 차이를 파악하게 되면, 누가 영양실조로 인해 가장 힘든지, 문제의 원인은 무엇인지, 어디서부터 어떻게 문제를 해결해나가면 좋을지에 대한 통찰을 얻을 수 있습니다.

우리는 지역local뿐 아니라 그 너머도 보아야 합니다.
차드호 분지 지역의 위기를 인구 증가, 종족 갈등, 자원 관리 방식 등 현지에 국한된 개발의 문제로만 보는 것은 너무 단순한 관점입니다. 차드호 분지 지역에 영향을 미친 다양한 경로를 고려해야 하는데, 우선 이 지역에 가뭄을 초래한 것은 지구적 규모에서 작용하는 인간 및 자연환경의 영향입니다. 서구의 식민 통치를 거치며 확정된 국경과 정치적 움직임은 지역 내 종족 간의 적대감을 촉발하거나 강화시켜 왔습니다. 많은 물을 필요로 하는 집약적 농업은 유럽인의 소비 취향과 경제구조에 맞춰 계속 확장되면서 지역의 환경 부담을 가중시켰습니다. 서남아시아에서 비롯된 보코하람은 오랜 기간 외부와 고립되었던 지역에서 급성장했습니다. 이슬람 세력의 확장을 막고자 하는 서구 세력을 등에 업은 현지 정부는 보코하람을 종식시키겠다는 명목으로 무고한 인명을 살상하고 지역 경제의 안정을 깨뜨려 왔습니다. 결국 무능하고 부패한 현지 정부를 지원해온 프랑스·미국 등이 오히려 보코하람이 지정학적 강자가 되는 길을 열어준 셈입니다.

우리의 이해력, 우선순위 및 행위는 검증되지 않은 지리적 가정에 기초해 형성됩니다. 문제가 산적한 차드호 분지 지역이 국제사회의 주목을 받지 못하고 있는 현실은 북미, 유럽 및 동아시아에서 사하라 이남 아프리카 지역을 얼마나 홀대하고 있는지 적나라하게 보여주는 단적인 사례입니다. 만일 남부 유럽에서 동일한 수준의 위기 상황이 발생했다면 전 세계가 주목했을 것입니다.* 그런데 역설적으로 이 책에서 아프리카 지역을 심각한 위기 사례로 소개하는 것 역시 아프리카 대륙에 대한 편견을 강화할 위험이 있습니다. 아프리카 밖에서 살아가는 사람들은 아프리카를 '재난 지대'라고 쉽게 단정하고, 아프리카의 엄청난 다양성을 무시한 채 절망적인 대륙이라는 부정적 인식을 강화시킬 수도 있습니다. 차드호 분지 지역에서 발생한 일들이 상대적으로 세계의 이목을 끌지 못하는 것은 지리적 상상력의 중요성을 드러냅니다. 지리적 상상력은 무엇이 사람의 관심을 끌고, 사회 주요 자원이 어디에 분포하며, 어떻게 사람이 지역에 대해 이해하는지를 결정합니다.

차드호 분지 위기는 확실히 극단적인 사례이지만, 개발 이슈를 다룰 때 거의 모든 지역에서 고려해야 할 점을 알려줍니다. 특정 이슈와 문제에 접근할 때 지리적 관점이

● 실제로 2022년 발발한 우크라이나-러시아 전쟁에는 전 세계 언론의 이목이 쏠려 있다. - 역자

중요함을 보여주는 좋은 사례이기도 합니다. 지리학은 세계가 어떻게 조직되어 있는지, 현실에 실제로 존재하거나 인간이 상상하는 환경과 공간 패턴은 어떠한지, 지역과 장소의 특성뿐 아니라 자연환경과 인문환경 사이의 상호 연결성을 탐구하고 비판적 사고를 장려하는 학문 분과이자 연구 주제입니다. 지구를 인류의 집이라고 한다면, 지리학은 지구의 다양한 본질과 특성을 이해하게 하는, 집에서 '매우 중요한 창문critically important window'에 해당한다고나 할까요?

지리적 이해는 강력하고 매력적이다

초기 인류가 흙바닥에 지도를 그릴 때부터 지리적 이해에 기초한 탐구는 우리가 주변 세계를 이해하는 데 도움을 주었습니다. 지구 표면의 조직과 성격을 체계적으로 측정함으로써 초창기 학자들은 세상이 둥글다는 것을 이해했습니다. 지구 표면에 대한 연구는 정착지의 위치, 농작물 재배 분포, 자원의 위치 파악을 위한 통찰력을 제공해주었고, 자연환경의 영향에 대한 이해를 높이고 인류가 생존하는 데 도움이 되었습니다. 오랜 세월에 걸쳐 지리적 이해가 깊어짐에 따라 사람들은 오지를 탐험하고 인간과 자연이 연결된 생태계의 특성을 이해할 수 있게 되었습니다. 다른 학문과 마찬가지로 지리학도 그 발전 과정에서 긍정적인 영향뿐만 아니라 부정적인 영향도 미쳤습니다. 지리적 이해를 통해 우리는 세계가 어떻게 형성되고 그 세계에서 우리의 위치는 어디인지 파악하게 되었지만, 탐욕스러운 식민 통치는 지리적 지식을 활용해 현지인과 자연환경을 착취하기도 했습니다. 그러나 지리적 이해 없이는 세계가 어떻게 구성되어 있으며 우리가 세계 속 어디에 위치해 있는지 결코 파악할 수 없을 것입니다.

지리적 이해에 기초한 탐구는 다른 장소에 대한 인간의 호기심에 뿌리를 두고 있습니다. 지표면의 기본적 특성을 파악한 인류는 이제 공간적 배치가 무엇을 의미하는지에 대한 탐구로 나아갔습니다. 예를 들어, 육지의 구성과 지형의 공간적 배열이 지각 판의 움직임에 어떤 영향을 주었는지, 정치적 경계가 자원의 접근성을 어떻게 좌우했는지, 도시 구조가 사람의 활동 패턴을 어떻게 변화시키는지, 병원과 식료품점의 위치가 어떤 공동체에 유리하고 또 어떤 공동체에 불리한지 등의 질문을 통해 우리가 사는 세계를 더 잘 알고자 합니다.

지리적 이해를 위한 탐색은 끝이 없습니다. 도시는 확장되고, 사람들은 새로운 장소로 이동하고, 하천의 흐름은 계속 변화하고, 경제활동의 양상이 계속 달라지면서 지리적 배치 또한 늘 바뀌고 있습니다. 해수면은 상승하고, 많은 생물종이 멸종 위기에 처해 있고, 도시의 규모와 인구는 폭발적으로 증가 중이고, 멀리 떨어진 장소 간의 연결성은 재조정되고 있고, 사람의 이동은 전례 없이 빨라졌고, 환경 파괴에 취약한 장소로 몰려드는 난민의 수는 연일 신기록을 갱신하고 있고, 지역 간의 격차가 벌어지며 불평등 수치가 위험한 수준에 이르렀습니다. 이렇게 지표면에서 벌어지는 지리적 변화의 속도가 빨라지고 범위가 확대되면서 지리적 탐구는 더욱 중요해졌습니다. 최근 미국국립연구위원회National Research Council의 연구는 이러한 변화가 지리학에 어떤 시사점을 주는지 잘 보여줍니다.

스탠퍼드대학의 생태학자 할 무니Hal Mooney는 "지리학자 전성시대"라는 주장을 펼쳤습니다. 공간 구조의 변화와 지표면의 물질적 특성, 인간과 환경의 상호 관계에 대해 오랫동안 지속적으로 관심을 가져온 지리학이라는 학문이 과학과 사회에서 점점 더 중요한 역할을 하기 좋은 때가 왔다는 것입니다.[2]

현대사회에서 다양한 현상을 설명·분류·분석하기 위해 지도와 여러 지리정보를 수집하고, 또 활용할 기회가 늘어나면서 지리학의 중요성은 더 높아지는 추세입니다.

지리정보체계GIS는 응급 상황 대비부터 이주 흐름 추적에 이르기까지 다양한 분야에서 채택되는 기본적인 도구가 되었고, 지구위치측정체계GPS와 컴퓨터 지도 역시 선진국 주민의 일상생활에서 중요한 요소가 되었습니다. 조직과 행정 기관이 정보를 관리하는 방식에서 거대한 전환이 일어나면서 지리정보는 일상생활을 구성하는 필수 요소가 되어갑니다. 그동안 세상에 관한 많은 정보가 주제별로 구분되어 왔지만, 이제는 위치 또는 지리-공간 좌표(정확한 위도와 경도)에 의해 정보가 생성·관리되는 경우가 늘고 있습니다.

이러한 상황에서 지리학에 대한 학생들의 관심이 높아지고, 취업 기회가 늘어나고, 다양한 분야의 연구원과 학자들이 지리적 접근법과 분석 도구를 채택하는 것은 놀라운 일이 아닙니다. 실제로 생태학자와 생물학자는 지리적 관점에서 생물 종의 분포를 지도화하고 유형을 분석하는 연구를 수행하고 있고, 사회과학자는 장소에 따라 연구 주제와 수행 과정이 달라지는 연구 방식에 점차 관심을 보이고 있습니다. 법학과 지리학을 결합한 새로운 학제간 연구 분야가 급속히 발전하고 있으며, 지리-고고학과 지리-언어학 등과 같은 융합 학문 분야도 새롭게 부상하고 있습니다. 최근 인문학자humanist는 사람들이 자신에 대해 생각하고 타인과의 관계를 이해하는 방식에 영향을 미치는 장소감sense of place의 중요성에 주목하고 있습니다.

이처럼 지리학의 위상이 높아지고 지리의 힘이 재조명되는 상황에도 불구하고 지리에 대한 대중의 편견은 여전히 공고합니다. 아직도 많은 이들이 지리가 지명과 위치 특성을 주로 암기하는 과목, 즉 장소의 위치와 특산물 등 단순한 사실만 다루는 따분한 과목이라고 생각합니다. 물론 이러한 내용은 지표면의 기본적인 특성을 이해하게 하고 다른 장소 및 사람과의 관계 속에 자신의 위치를 파악하게 한다는 점에서 가치가 있습니다. 하지만 인터넷에서 30초만 검색하면 기초적인 위치 지식과 장소와 연관된 사실을 알 수 있는 시대에 '특정한 지리적 사실을 아는 것'만이 지리학을 배우는 핵심적인 목표가 될 수는 없습니다.

실제로 지리학은 그 이상이고, 현대지리학의 핵심적인 목표는 지구 표면의 모든 배열과 다양한 특성을 연구하는 것입니다. 즉, 지표에서 발생하는 모든 현상의 공간적 조직, 그러한 특징을 나타나게 하는 인간-자연의 상호작용 시스템, 특정 장소와 지역의 본질과 의미 등 현대지리학의 연구 분야는 매우 광범위합니다.* 〈그림 1_3〉은 지리학이 지향하는 기본적인 관점을 보여주는 유용한 그림입니다. 이 다이어그램에서 환경, 사회 및 결합된 인간-환경 시스템(정육면체의 수직축)에 대한 지리학의 효용과 관심을

● 대부분의 학문처럼 지리학에 대한 합의된 정의를 쉽게 도출하기는 어렵다. "지구상의 공간과 장소에 관한 연구", "장소의 이유", "인간과 환경 및 생태적 상호 작용의 공간적 차이 연구" 등으로 표현되지만 각각의 정의는 나름의 장점과 한계를 갖는다.

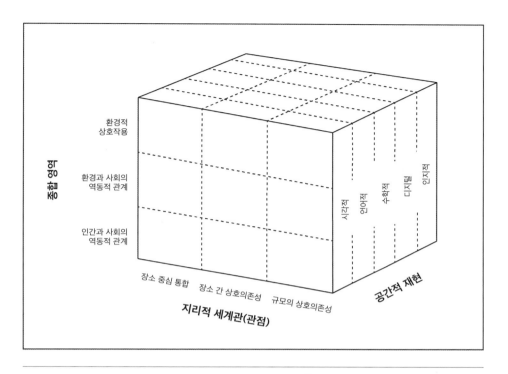

종합 영역

환경적
상호작용

환경과 사회의
역동적 관계

인간과 사회의
역동적 관계

장소 중심 통합   장소 간 상호의존성   규모의 상호의존성

지리적 세계관(관점)

시각적   언어적   수학적   디지털   인지적

공간적 재현

1_3 📍 시각화한 지리학의 초점, 전망, 접근법

확인할 수 있습니다. 장소, 유형 및 규모(정육면체의 맨 아
래 축 중 하나)를 연구하면 해당 시스템에 대해 집중적으로
배울 수 있습니다. 또한 다양한 유형의 공간적 표현을 사
용하면 (정육면체의 다른 표면)에 대한 이해도 심화할 수 있
습니다.

지리적 관점과 수단을 통해 어떤 현상이 발생하는 위
치와 지리적 환경이 자연과 인간 생활에 어떤 영향을 어

떻게 미치는지를 파악할 수 있습니다. 실제로 지리학자는 지구 표면의 공간적 요소에 주목해 연구 지역의 위치, 현상의 패턴, 분포(가뭄 양상, 질병 확산, 민족 분포 등)를 파악하고 탐구해왔습니다. 지리학자는 다양한 요소가 어떻게 독특한 공간, 장소, 지역을 형성하는 데 작용하고, 그 결과 이 세상의 다양한 장소가 어떻게 만들어지는지 그 과정을 추적합니다. 또한 각각의 공간, 장소, 지역이 어떻게 독특한 자연적·사회적 환경에서 실제로 존재하거나 상상 속에서만 존재하는 지리적 맥락을 갖게 되었는지, 나아가 그러한 지리적 맥락이 어떻게 지표면에 반영되어 있고 또 변화하는지 그 양상을 탐구합니다. 어떤 이유로 지리학을 접하든(앞서 설명한 다양한 이유 중에 중복되는 경우도 있으니까요), 지리학의 주요한 관심은 "왜 그것이 그곳에 있는가why of where"*입니다. **즉, 지리학은 공간에 따라 달라지는 차이의 특성과 의미, 장소에 기반한 상황이 환경, 사회, 인간-환경을 둘러싼 시스템에 미치는 영향, 현재 일어난 상황이 어디에서 발생했는지에 따른 영향에 주목하는 학문입니다.**

　지리학이 지향해온 지적 전통에 따라 지리학 분야는 계속 확장되어 왔는데, 빙하의 작용부터 이주 유형까지, 숲의 해충 확산, 민족적 특성과 정치적 성향 간의 공간적 상관관계, 도시의 분열을 조장하는 사람들의 장소감(예를 들

● 이 표현의 기원은 불확실하지만, 아마도 1958년부터 2017년까지 시카고대학 지리학과 교수였던 마빈 마이크셀이 만든 표현일 것이다.

어 사회적·계급적 고정관념, 대출기관·부동산 업자의 관행, 젠트리피케이션 압력) 등도 다 지리학의 탐구 대상이 됩니다. 한편 특정한 연구 주제가 아닌 공유하는 관점으로 정의 내린 지리학은 그 어떤 학문 분야보다 역사학과 유사합니다. 실제로 역사학자는 고대 페르시아제국의 확장부터 20세기 중반 '이주노동자guest worker' 정책이 독일 사회에 미친 영향에 이르기까지 다양한 현상을 연구합니다. 특정한 주제를 넘어 인류가 진화해온 이야기와 그 이야기가 현재에 미치는 영향을 폭넓게 이해하는 것이 역사학자가 공유하는 주된 관심이니까요. 지구를 구성하는 요소(유형), 환경과 장소, 지구의 다양한 경관, 지구에 관한 생각, 사람과 자연에 미치는 영향 등을 다루는 지리학은 역사학 못지않게 광범위한 분야를 연구하는 학문입니다.

지리학의 역사적 뿌리를 찾아서

지리학의 특성을 이해하려면 지리학을 구성하는 아이디어와 관점이 시간의 흐름에 따라 어떻게 발전해왔는지 살펴봐야 합니다. 모든 인류 사회는 지리학과 마찬가지로 주변 환경을 이해하기 위한 통찰력을 얻고자 했습니다. '지리geography'라는 용어와 전 세계적으로 제도화된 학문으로서 '지리학'은 고대 그리스어('geo'는 지구, 'graphy'는 쓰다라는 의미)에서 비롯되었습니다. 2,000여 년 전 고향을 떠난 그리스의 탐험가들은 에게해와 이오니아 해안을 따라 더 먼 곳으로 모험 을 감행하면서 이전에 보았던 것보다 더 거대하고 역동적인 하천, 한 번도 본 적이 없는 나무(식생) 그리고 자신들과는 완전히 다른 언어를 쓰는 사람을 만날 수 있었습니다.

　그리스 탐험가들은 그들이 머물렀던 곳을 표시한 지도를 만들고 그들이 발견한 것을 기록으로 남겼습니다. 그들은 단순히 발견한 것을 목록화하는 데 그치지 않고 '지리적 질문'을 던지기 시작했습니다.' 특정 식물은 왜 다른 곳에서는 발견되지 않을까? 매년 왜 어떤 강은 홍수를 일으키고 다른 강은 홍수를 일으키지 않을까? 전통과 문화적 관습이 장소마다 다른 이유는 무엇일까? 도시 개발에 전략적으로 유리한 곳은 어디일까? 이러한 호기심을 해소하는 과정에서 고대 그리스인은 생물 및 자연지리적이며 문화적인 특성이 확산되는 과정, 강수 및 하천과의 관계, 행성으로서 지구의 본질, 정착지로서 다양한 장소가 갖는 장단점을 이해하는 데 기초가 되는 통찰을 얻을 수 있었습니다.

　지리적 지식이 단순한 호기심만 충족시킨 것만은 아닙니다. 이러한 지식이 그리스인의 정복욕을 자극하고 제국

- 세계 최초의 역사서인 헤로도토스의 《역사》에는 지리 정보가 풍부하다. 호메로스의 《일리아스》, 《오디세이아》 역시 지리서로 봐도 무방하다. - 역자

의 확장에 도움이 되기도 했으니까요. 분명한 사실은 그리스인에게 지리학은 단지 일련의 장소에 관한 사실만을 다루는 학문이 아니었다는 점입니다. 지리학을 통해 고대 그리스인들은 지구상에서 자신들의 위치를 인식할 수 있었습니다. 주변 환경을 조사해서 정리하고 그에 기반해 인문·자연 환경의 유형을 분석하고, 그들이 경험한 장소와 환경의 맥락을 파악하는 방식으로요. 이러한 관심은 시대를 뛰어넘어 지속되었는데, 고대 로마인은 그리스인의 사고에 기초해 효율적으로 통치하고 체계적으로 제국을 확장했습니다. 로마 제국이 쇠퇴하자 페르시아와 아랍의 지리학자는 서구에서 발달한 지리적 사고력을 응용해 위도·경도 계산법을 정교화하고, 세계의 특성과 구성 원리를 이해하는 방식을 개선했습니다. 중세 말 근대 초에 유럽 중심부에서 공식적인 지리학 연구가 재개되었고, 지리학은 계몽주의 확산에 기여했습니다.

서구에서 지리학의 진보는 세계의 다른 지역, 특히 중국에서 지리적 이해가 심화되는 시기와 비슷한 때에 이루어집니다. 그러나 유럽의 식민화 정책이 본격화되면서 서구의 전통이 지리학계를 주도하게 되고, 기술과 공학이 발전하면서 지리학의 발달이 본격화됩니다. 이는 대부분 학문 분야에서도 마찬가지입니다. 로마인은 새로 정복한 땅을 정확히 측량하고 지도화하는 데 탁월했고, 중세 이

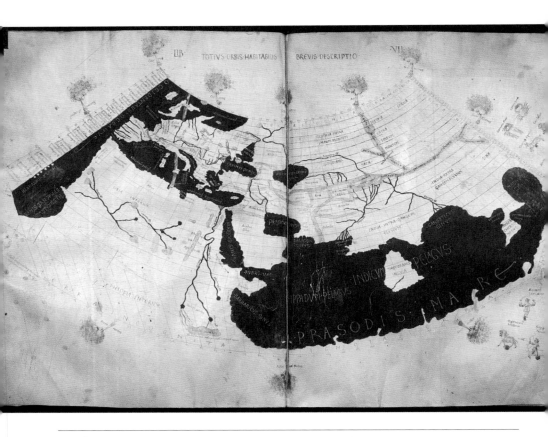

1_4 📍 프톨레마이오스 지도

프톨레마이오스의 세계지도는 알렉산드로스 대왕의 동방원정 이후 축적된 지리 정보를 바탕으로 제작되었다. 지구를 구형으로 가정했으며, 처음으로 경위도 개념과 방위 개념을 도입했다. 유럽 지역은 상세히 그렸으나 유럽 밖의 세계는 정확도가 떨어진다. - 역자슬람 지리학자는 정교한 지도를 제작하고 새로 발견한 지역을 정확하게 묘사한 것으로 유명합니다. 15~17세기 유럽 지리학자는 식민지로 삼고자 하는 지역의 지리적 특성을 파악하는 데 역량을 집중했는데, 지리적 지식과 사실이 식민 제국을 개척하고 유지하는 데 얼마나 중요했는지 잘 보여줍니다.

그러나 지리학자는 수 세기에 걸쳐 단순히 지리적 정보만 수집한 것은 아닙니다. 그들은 통찰력을 얻기 위해 지리적 질문을 던졌고 주변 환경을 이해하기 위해 다양한 지리 정보를 활용했습니다. 로마 제국 전성기 가장 유명한 지리학자 중 한 명인 프톨레마이오스Claudius Ptolemaeus(100~170)* 역시 단순한 지리적 사실만 수집하지는 않았는데, 기후 분포 특성과 유형을 시각적으로 표현했을 뿐 아니라 요즘 지도화 작업에도 여전히 사용되는 격자 체계Grid-system 접근법을 무려 2,000여 년 전에 개발했습니다. 11세기 페르시아계 무슬림 학자인 아부 레이한 알비루니Abu Rayhan Al-Biruni는 지구 표면의 다양한 '자연환경으로 구성된 지대natural zones'가 인류의 생존을 좌우할 가능성에 대한 혁신적인 아이디어를 내놓았습니다.** 16세기 플랑드르 출신 지리학자, 아브라함 오르텔리우스Abraham Ortelius는 대서양 양쪽 대륙의 해안선을 연구하고, 대륙이 표류했을 가능성을 제기했는데, 20세기 후반이

• 프톨레마이오스는 천문학자이자 지리학자로 알렉산드리아에서 활동했다. 그의 저술은 《알마게스트 Almagest》로 전해져서 천문학에 큰 영향을 끼쳤으며, 《지리학 Geographike Hyphegesis》을 통해 당시의 전 세계 지리정보를 수집하고 체계화하여 지리학에 지대한 공헌을 했다. - 역자

•• 알비루니는 인류가 육지의 일부분에서만 거주하고 있다는 사실을 이해하고, 북극과 적도 부근은 너무 춥거나 더워 인간이 살기 부적합하다고 생각했다. 이 논리를 확장시켜 당시 세계에 알려지지 않았으나 인간이 거주하는 미지의 땅이 존재할 수 있다고 추론했다. - 역자

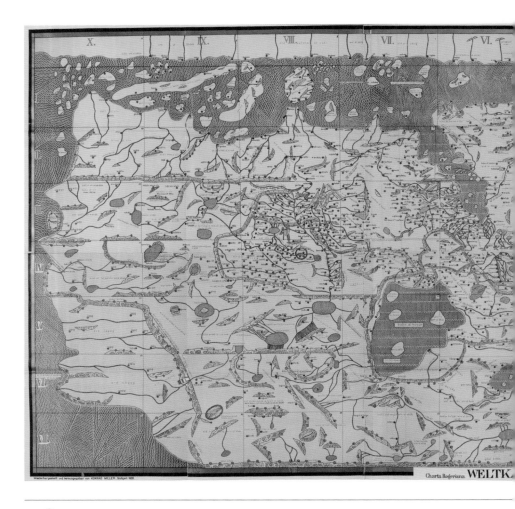

1_5 📍 이슬람의 알이드리시 지도

알이드리시(1100~1165)는 유럽과 아프리카 각지를 여행한 후 세계지도를 만들었다. 이 지도는 당시까지 만들어진 지도 중 가장 정확한 세계지도였으며, 메카를 중앙에 두기 위해 현재 지도와 달리 상단이 남쪽이고 하단이 북쪽인 것이 특징이다. 왼쪽 상단 신라가 섬으로 기록되어 있다. - 역자

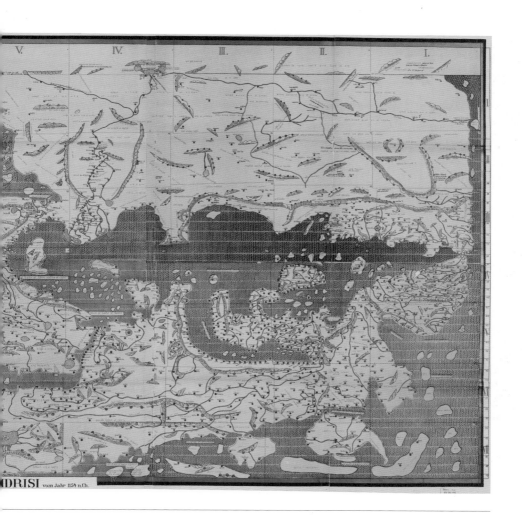

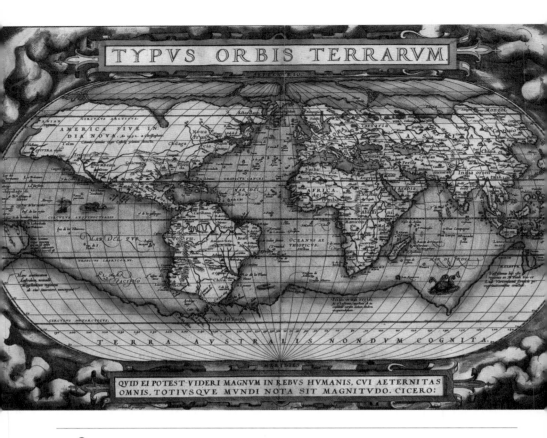

1_6 📍 오르텔리우스의 지도

되어서야 그의 가설이 널리 받아들여지기 시작했습니다.

이러한 역사적 배경을 통해 볼 때 서구에서 근대적인 교육 시스템의 도입기에 지리학이 초등학교 및 중학교 교육과정에서 중요한 과목이 되고 대학에서 학과로서 확고한 위상을 확보한 것은 당연해 보입니다. 이러한 발전으로 인해 자연환경의 영향, 인간과 환경의 상호작용, 인구 분포 변화, 정착 방식, 경제활동의 공간 배치 및 시스템에 관한 체계적인 연구와 함께 불평등의 유형까지 체계적으로 조사하는 전문가, 즉 지리학자들이 학계에 배출되기 시작했습니다.

현대 대학에서 지리학의 위상은 18~19세기 위대한 독일인 지리학자들의 업적과 명성 덕분에 강화되었습니다. 독일학계에 등장한 첫 번째 스타 지리학자는 알렉산더 폰 훔볼트Alexander von Humboldt(1769~1859)로, 그는 라틴아메리카에 분포한 식생군의 지리적 특성을 상세하게 분석했습니다. 이를 통해 식생에 영향을 주는 자연적 요소를 최초로 과학적으로 규명함으로써 생물지리학 분야의 개척자가 되었습니다. 두 번째로 등장한 스타 지리학자는 카를 리터Carl Ritter(1779~1859)입니다. 그는 세계 여러 지역의 인간 활동에 물리적 환경이 미치는 영향에 관한 19편의 논문을 작성했으며, 국가를 포함한 인간 행위와 통치 기관의 지리적 특성을 고찰했습니다. 지리학계의 세 번째

스타는 이마누엘 칸트Immanuel Kant(1724~1804)입니다. 그는 지리학이 수학, 도덕, 정치, 상업 및 신학 영역 등에서 모든 "공간의 차이"와 관련된 주제이자[3] 세계에 대한 지식을 통합하는 수단이라고 보고, 지리학을 통한 배움이 인간 발전의 기초가 된다는 주장을 펼쳤습니다.

칸트는 현대 학문과 대학 체계의 기초를 닦았는데, 지식과 인간 인식의 본질에 대한 그의 아이디어는 19세기 독일 대학에서 등장한 학과 형태에 지적 기반을 제공하기도 했습니다. 독일 대학은 다른 나라, 특히 미국의 고등 교육기관에 큰 영향을 주었습니다. 칸트는 《순수이성 비판》(1781) 등의 저술을 통해 인간의 감각이 파악할 수 있는 세 가지 요소, 즉 객관적인 특성(예: 서로 다른 '형태' 혹은 주제)으로 인해 구분할 수 있는 현상·시간·공간을 사례로 제시했습니다.[4] 19세기 독일 대학에 뿌리를 내리고 새롭게 형성된 학문은 식물학 및 정치(형식), 역사(시간), 지리(공간) 등 주제별로 정의된 일련의 학문과 사고방식을 반영하는데, 이후 비평가들은 시간과 공간의 분리는 지적으로 받아들이기 어렵다는 입장을 취했습니다. 칸트 또한 오로지 공간 문제에만 초점을 맞춘 지리학을 옹호하지 않았고, 시간과 공간은 상호 영향을 주고받는다고 보았습니다. 이는 지리와 역사가 서로 동전의 양면이 되어야 한다는 것을 의미합니다.

20세기 초, 지리학은 독일, 프랑스, 영국, 러시아, 미국 등 서구의 여러 교육기관에서 기초학문으로 위상을 확고히 했습니다. 20세기 후반에는 서구의 지리적 전통을 반영한 지리학과가 전 세계 교육기관에 설립되었고, 지리학은 주요 학문으로 널리 인정받기 시작했습니다. 그러나 예외적으로 미국의 대학에서 지리학의 위상은 20세기 중후반에 위태로워졌습니다. 미국의 초등·중등학교에서 지리 교육은 일반적인 '사회과' 교육과정의 일부로 전락하면서 지리는 단순한 사실을 설명하거나 암기하는 과목으로 폄하되었습니다. 1940년대 후반 하버드대학에서 지리학과가 폐과되며 대부분의 명문대학에서 지리학과가 사라졌습니다. 결국 미국의 많은 대학 교양과정에서 지리학이 홀대받거나 사라졌습니다. 이러한 상황에서 지리학은 한물간 학문 취급을 받았고, 당시 남성 중심적인 미국 학계에서는 이러한 상황을 당연시했습니다.

　　지리학에 대한 오해는 최근 조금씩 풀리고 있지만 (지리학의 재발견을 언급하는 건 드문 일이 아닙니다[5]) 오랫동안 지속된 지리학에 관한 편견을 극복하려는 노력은 여전히 현재 진행형입니다. 한편 근대지리학이 태동한 유럽에서는 최근 연구의 우선순위가 달라지고 학제 간 연구가 다양한 분야로 확산되면서 지리학의 오랜 전통이 도전을 받고 새로운 역할을 요구받고 있는 상황입니다. 또한 지명

암기와 지리학을 동일시하는 편협한 사고방식 또한 혁신
적인 지리학 전공 프로그램이 있는 대학에 다니는 학생들
의 활약 덕분에 조금씩 바뀌는 중입니다. 학생들은 대학
에서 지리학을 전공하면서 지구 곳곳의 운명에 영향을 주
는 상호 연결에 대한 통찰력을 얻고, 환경 변화와 인간-
환경 상호작용에 대한 이해를 심화할 수 있습니다. 나아
가 대학에서 지리학을 전공하며 이러한 변화가 장소마다
다르다는 사실을 배우고, 지리공간기술의 장점과 한계를
평가하고 상황에 맞게 사용할 수 있는 기술도 배우게 됩
니다.

지리적 사고력의 정체

지리적 렌즈를 통해 문제를 살펴보고 통찰력을 발휘하는
지리학의 탐구 대상은 다양합니다. 1979~1980년 소련의
아프가니스탄 침공은 매우 충격적인 사건이었기에 전문
가는 그 원인을 규명하기 위해 노력했습니다. 전직 동료
중 한 명의 회상에 따르면,* 언론과 정책 토론에서는 소련
의 아프가니스탄 침공 동기를 주로 두 가지 측면으로 초
점을 맞추었습니다. 하나는 이 침략이 오랫동안 러시아가
추구해온 부동항 확보를 위해 인도양으로 나아가려는 첫

• 1975년부터 2006년까
지 오리건대학에서 지리학
을 가르쳤던 로널드 웍스
먼이다.

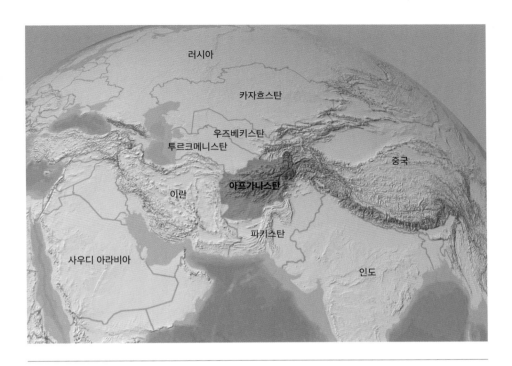

1_7 📍 아프가니스탄과 주변 지도

걸음이었다는 분석입니다(아프가니스탄은 내륙에 고립되어
있기에 소련의 아프가니스탄 침공은 인구밀도가 낮은 파키스탄
의 남서쪽이 다음 목표가 될 수 있다는 것을 암시합니다). 다른
하나는 이 침략이 오랫동안 진행된 러시아 영토 확장 정
책의 연장선이며, 아프가니스탄을 소비에트연방에 편입
시키기 위해서였다는 분석입니다. 이러한 두 가지 견해는
당시 언론에서 자주 언급되었으며, 두 분석 모두 정책 당

국의 주목을 받았습니다.

　시청자에게 이런 피상적인 설명이 그럴듯하게 들렸을 수도 있습니다. 하지만 아주 기초적인 지리 지식을 갖추고 지리적 사고력을 적용하면 각 주장의 결정적인 오류가 금방 드러납니다. 우선 파키스탄의 지도를 보면 남서해안에 큰 항구가 없음을 알 수 있는데, 그 이유는 다음과 같습니다. 대륙붕이 너무 얕아 대형 선박이 해안에 쉽게 접근할 수 없고(향후 직면할 국제분쟁을 고려한다면 이곳을 얻기 위해 싸울 만한 가치는 거의 없습니다), 아프가니스탄이 소비에트연방에 편입될 경우 소속될 1800만 명에 달하는 무슬림 또한 소련 당국에는 큰 골칫거리였습니다. (우리는 지리적 분석을 통해 소비에트연방의 실제 의도는 —물론 실패로 끝났지만— 동유럽 국가들처럼 아프가니스탄을 통제하면서 연방 남쪽에서 자신들의 권력을 안정적으로 유지하는 것이었음을 자연스럽게 이해할 수 있습니다.)

　앞 사례를 통해 보듯이 기본적인 지리적 사실과 지리적 사고력을 갖추면 날카로운 통찰력을 얻을 수 있습니다. 정부 기관, 유력한 인물 또는 이데올로기에 초점을 맞추기보다 지리적 렌즈를 통해 문제를 바라보면 기본적인 공간 유형, 환경과 상황, 위치적 특성이 끼치는 영향 등에 주목하게 됩니다.

지리적 사고력은 또한 사람들이 사건과 현상을 묘사하는 과정에서 활용하는 지리적 재현의 특성과 정당성에 질문을 던집니다. 지구상 모든 현상을 설명할 때 우리는 특정한 지리적 틀을 선택하게 되는데, 예를 들어 '중동' 또는 '유럽'의 환경 이슈를 논의할 때는 지리적 사고의 규모가 클 수밖에 없고 범위도 모호합니다. 한편 1인당 GNP에 기초해 국가별 순위를 매길 때는 우리는 일반적으로 국경이 표시된 정치 지도를 사용하는데, 영토 면적의 측면에서는 비교가 되지 않는 러시아와 룩셈부르크가 동일한 기준으로 평가됩니다. 잉글랜드에 속하는 콘월 지방과 에섹스 지방의 보건-복지 상황을 비교하는 잡지 기사는 특정한 공간 규모에서 분석 대상 지역 간의 차이를 인식하도록 유도합니다. 미국 국유림 상황을 설명하는 지도를 실은 신문 기사는 뚜렷한 경계가 있는 지역에서 일어나는 현상과 함께 경계를 가로질러 발생하는 생태적으로 중요한 환경적 이슈에 주목하도록 합니다. 지리적 사고력을 기르지 못한다면 우리는 특정한 지리적 공간이나 규모를 중심으로 발생한 문제를 파악할 때 어떤 요소가 드러나고 또 어떤 요소는 숨겨졌는지 간과하기 쉽습니다. 하지만 지리학 공부를 한다면 사고의 지평을 넓히는 경험이 가능해집니다.

지리학은 무엇을 공부할까?

지리학을 전공하는 학생은 지리적 렌즈를 통해 기후, 정치, 생물학, 경제 및 기타 주제를 탐구함으로써 주변 세계를 이해하고 생각하는 법과 함께 지리적 사고에 필수적인 다양한 기술과 연구 방법도 배울 수 있습니다. 현대 학문에서 지리적 이해는 다양한 방식으로 전개되고, 때로는 상충할 수도 있는 다양한 이론과 관점(실증주의, 인본주의, 마르크스주의, 후기구조주의, 페미니즘 등)과 뿌리를 공유합니다. 각각은 공간적 배치 및 지리적 변화에 대해 서로 다른 통찰력을 제공하며, 각각의 이론이 주목하는 시대에 대해서도 다양한 해석을 할 수 있습니다.

지리적 추론에는 다양한 방법이 가능한데, 1) 입지, 유형, 분포에 관한 정보를 수집하고 분석하는 방법, 2) 경관의 변화를 기록하고 평가하는 방법(지리학자가 경관을 해석하는 방식은 문학을 연구하는 학자가 텍스트를 해석하는 방식과 유사하며, 경관이 형성 과정에 내재된 요인들에 관한 비판적 사고를 포함합니다), 3) 각 지역의 지리적 특성을 형성하는 요인에 관한 증거를 살피는 방법 등입니다.

많은 지리학자에게 지도는 중요한 지리학적 도구입니다. 지도를 통해 지표면에서 확보한 다양한 이미지(항공사진, 위성 데이터 등)와 컴퓨터 기반 GIS에서 처리된 공간 유

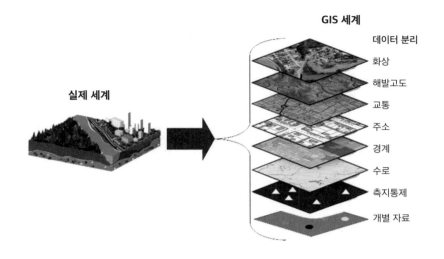

실제 세계

GIS 세계

데이터 분리

화상

해발고도

교통

주소

경계

수로

측지통제

개별 자료

1_8 📍 GIS 데이터 처리 과정 모식도

형에 대한 통찰력을 얻고 공간적 의사 결정을 내릴 수 있기 때문입니다. 야생동물 서식지를 통과하는 최선의 경로를 찾을 때 야생동물 서식지, 식물의 분포, 기존 경로, 자연적 위험에 대한 취약성 등 다양한 요소를 고려해야 하며 이때 지리학은 큰 도움이 됩니다. GIS는 통찰력을 얻는 데 도움이 되는 시각화 도구인데(그림 2_5 및 5_2 참조), GIS를 사용하여 나타나는 공간 특성을 다양한 요인으로 분석하면 어떤 경로가 가장 적합한지 결정하고 종합적으로 평가할 수 있습니다. 새로운 지리 기술의 눈부신 발전으로 인해 지리정보과학GISci이라는 새로운 분야가 생겨났고, GISci의 실무자는 GIS 응용 및 적용법뿐만 아니라 지리적 기술의 특성, 잠재력 및 한계에 대해 폭넓게 연구합니다.

지도학cartography 및 GIS기술은 지리학에서 중요한 분야지만, 지리학은 단순히 지도를 만들거나 해석하는 데 그치지 않습니다. 많은 지리학 연구에서 지도를 거의 사용하지 않기도 하고, 주의 깊은 관찰, 사진 및 현장 기록을 통해 경관을 해석하는 정보를 제공하기도 합니다. 경관에 대한 정보를 담은 현장 기록 노트와 함께 민족지적인 연구 방법, 인터뷰 및 설문 조사는 장소의 특성과 함께 그곳에 사는 사람을 이해하는 데 도움이 되고, 특히 장소의 차이가 미치는 영향 분석에 도움이 되는 통찰력을 제공합니다. 언론 보도와 개인 의사소통에 대한 텍스트 분석은 특정 이슈가 지리적으로 어떻게 구성되는지 밝히고, 장소와 공간의 본질과 의미에 대한 철학적 성찰은 세계에서 우리 자신과 우리의 역할에 대한 새로운 관점을 열어줍니다.

지리학 연구 분야는 광범위하지만 그 나름의 일관성을 보입니다. 지리학의 관심사와 방법론은 이해, 아이디어, 기술, 접근법을 중심으로 구성됩니다. 지리학의 본질을 이해하고 연구 결과를 탐구하려면 지리학 연구의 중요 목표인 공간 패턴과 배열, 장소의 특성, 자연-인간 상호작용의 특성을 규명해야 합니다. 각 연구 대상 중에는 겹치는 부분도 있지만, 개별적으로 검토하면 지리적 렌즈를 통해 세상을 보는 것이 무엇을 의미하는지 이해하게 됩니다. 이어지는 장에서는 지리학의 교육적 사명의 중요성을 먼저 설명하고, 그다음 급변하는 세계에서 지리학에 대한 이해와 인식을 높이는 일이 왜 시급한지 간략히 정리하며 이 책을 마무리하려 합니다.

2

공간이란
무엇일까?

'어디where'라는 단어는 지리학과 떼려야 뗄 수 없는 단어입니다. 어떤 현상이 지구 위의 '어디'에서 발생하는지부터 지리학의 모든 논의가 시작되기 때문입니다. 하지만 지리학은 단순히 '어디'에 있는지 아는 것에 그치지 않습니다. 그러한 현상이 '왜 그곳에서why there' 발생했고, 그것이 '어떤 의미so what'를 지니는지 계속 질문하는 게 중요합니다. 나아가 어떤 공간적 배치spatial arrangements와 변이variations의 과정을 거쳐 상호 연결성interconnections을 갖게 되는지를 진지하게 탐구하는 학문입니다. 어디로 가야 먹을 수 있고 필요한 서비스를 받을 수 있을지, 어떻게 직장에 출근할 수 있을지 등 평범한 일상생활 속에서도 공간과 환경에 대한 이해는 필수입니다. 그럼 조금 더 큰 규모로 생각해볼까요? 지표상에 어떤 현상이 어떤 규칙 아래

나타나는지 알지 못한다면 사업적 수완을 발휘하거나 합리적인 정책적 판단을 내리기 어렵겠죠. 나아가 어떤 사건의 의미도 제대로 이해할 수도 없고 지구 생태계를 형성하는 기본적인 힘조차 파악하지 못할 것입니다. 새로운 가게를 열거나 공공서비스를 도입할 때 인구의 분포, 도로와 시설의 입지, 사회경제적 특성 등 다양한 공간적 측면을 고려해야 성공 확률이 높아집니다. 사람들이 왜 어디로 이주하는지를 제대로 이해하려면, 영역을 설정하는 정치 구조, 차별의 공간적 결과, 사회경제적 특성, 자연환경의 배치 등 지리적 요소를 반드시 고려해야 합니다.

어떤 현상의 공간적 배치를 연구하는 과정은 과학적 탐구의 기초이자 인류의 문제를 해결할 수 있는 통찰력을 얻는 가장 좋은 방법, 아니 어쩌면 유일한 길일 수도 있습니다. 1850년대 초 영국 런던에서 창궐한 콜레라의 원인을 그 누구도 규명하지 못할 때 의사 존 스노John Snow는 콜레라 사망자의 분포를 지도에 표시하기 시작했습니다. 지도화를 통해 사망자 대부분이 한 우물 주변에 집중되어 있다는 것을 발견한 그는, 이 지도를 콜레라가 수인성 전염병이라는 가설을 뒷받침하는 구체적인 증거로 제시합니다. 질병의 지리적 분포와 시간에 따른 변화 추이를 분석하는 것은 이제 현대 역학epidemiology에서 아주 기본적인 도구가 되었습니다.

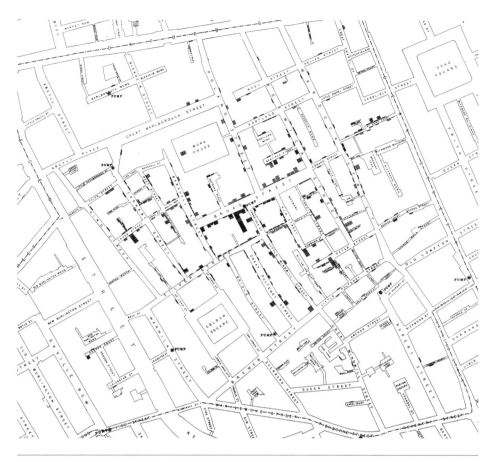

2_1 📍 존 스노의 런던 콜레라 지도

공간 분석은 다른 분야에서도 마찬가지로 중요합니다. 기후변화에서 인간의 영향이 얼마나 되는지 파악하기는 매우 어려운데, 기후에 영향을 미치는 요인이 워낙 많고 다양한 요인이 복잡한 상호작용을 거쳐 불규칙적으로 변화하기 때문입니다. 자연의 흐름에 따라 오랜 세월 기후변화를 겪어온 지구의 기후변화 패턴을 반영한 시스템을 모델링하고, 장기적인 기후 모델의 예측치와 현재 조건의 차이를 살펴보면 인간이 기후에 미친 영향을 추정할 수도 있으니, 지구의 기후변화를 이해하려면 공간 분석이 필수입니다.

기후변화에 영향을 끼치는 주요한 자연적 요인은 지구 궤도이심률의 변화, 축의 기울기 변화, 분점의 세차운동 등입니다. 이 세 가지 현상은 지구로 유입되는 일사량을 조절함으로써 기후에 영향을 끼칩니다. 다른 요인으로는 태양 흑점 활동의 변화, 대기의 구성, 지구 표면과 대기의 반사율 변화 등이 있습니다. 기후 모델은 시간의 흐름에 따라 이러한 요소들이 어떻게 혼합되고 변화되는지를 예측하기 위한 도구인데요, 특히 식생vegetation은 당시 기후 상황을 반영하기 때문에 과거의 식생 분포를 공간적으로 재구성하는 작업은 기후 모델을 개발하고 개선하는 데 큰 도움이 됩니다. 또한 식생의 분포와 특성이 시간의 흐름에 따라 어떻게 변해왔는지에 관한 정보는 기후 시스템의 작동 원리를 이해하는 결정적 단서가 될 수 있습니다.

과거의 식생 특성을 재구성하는 방법 중 하나는 호수 바닥 중심부의 퇴적물을 확보해 각 퇴적층에서 발견되는 꽃가루의 유형을 조사하는 것입니다. 가장 먼저 만들어진 오래된 지층은 맨 아래에 있고 가장 최근 형성된 지층은 맨 위에 있다는 사실을 바탕으로 각 지층의 연대를 다양한 첨단 기법을 적용해 측정할 수 있습니다. 퇴적물 지층의 특정 부분에서 발견된 꽃가루 유형은 해당 기간에 그 지역에 서식했던 식물종과 당시 기후를 알려주는 증거가 됩니다. 고기후를 연구하는 과학자들은 여러 지역에서 수집한 다양한 증거를 기반으로 식생 지도를 만들고 250만 년 동안 지속된 4기의 기후변화를 추적해왔습니다.

〈그림 2_2〉 상단의 재구성된 기후 지도를 하단의 예측용 기후 모델 지도와 비교하면서 모델을 검증하고 개선하는 과정을 반복할 수 있습니다. 예를 들어 위 지도는 꽃가루 데이터에 기초해 추산된 6,000년 전 강수량을 보여주는데, 파란색은 현재보다 습도가 높았던 지역, 갈색은 건조했던 지역을 의미합니다. 아래 지도는 6,000년 전과 현재의 강수량 차이를 다른 색깔로 표현한 것인데, 당시와 현재의 강수량을 비교할 때 나타나는 중요한 차이는 기후 모델에서도 비슷하게 재현되고 있습니다. 하지만 6,000년 전 아시아 중심부의 모의 강수량이 예상보다 약간 낮

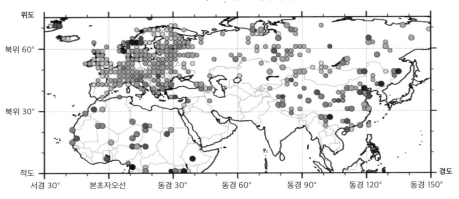

6,000년 전 강수량(꽃가루 데이터를 기반으로 재구성)

기후 모델 (고기후 예측)

| -500 | -200 | -100 | -50 | -20 | 0 | 20 | 50 | 100 | 200 | 500 |

2_2 📍 6,000년 전과 현재 연평균 강수량 모델

은 수치를 나타내 두 지도 사이의 유형 차이도 발견되는데, 이러한 사례는 기후 모델을 개선하고 정교화할 수 있는 통찰력을 제공합니다.

과거를 계속 재현할수록 기후 모델의 정확성과 유용성에 대한 신뢰도는 높아지며, 지난 몇십 년의 기후를 정확하게 기후 모델로 재현하려면 인간의 영향력을 반드시 고려해야 한다는 사실은 인간이 최근 기후변화를 가속화한 주범이라는 확실한 증거가 됩니다. 또한 기후변화는 인간이 거의 영향을 미칠 수 없는 자연현상에 속한다고 주장하는 기후회의론자들의 주장을 반박하는 강력한 근거가 되죠. 이러한 사례는 공간을 분석하는 지리학의 역할이 지표상의 현상을 단지 발견하는 것 이상으로 나아갈 수 있음을 잘 보여줍니다.

또한 공간 분석은 현대사회에서 발생하는 여러 심각한 문제를 분석하고 처리하기 위해 꼭 필요한 도구이기도 합니다. 숲을 구성하는 수종의 분포 변화에 관한 공간 분석 연구는 기후변화가 주변 지역의 생태계에 어떤 영향을 주는지를 드러내고, 해안 지역의 상세한 인구분포도는 지진과 쓰나미에 가장 취약한 지역이 어디인지 바로 파악할 수 있게 합니다. 또한 분쟁으로 초토화된 지역의 인종 분포를 공간적으로 분석함으로써 한 지역에 다양한 집단이 몰려 있을 때 나타날 수 있는 문제를 예방할 수도 있습니다. 최근 GIS 분야가 급성장한 이유는 지표상에서 발생하는 다양한 문제의 원인을 파악하고 각 요인 간의 상관관계를 규명하는 데 GIS를 활용한 공간 분석이 큰 도움이 되기 때문입니다.

공간적 배열을 연구하는 몇 가지 기본적인 접근법 중에 지리학자는 특히 공간 패턴에 주목합니다. 즉, 공간의 어떤 변화가 자연환경과 인간의 삶에 영향을 미치는지를 탐구하고 공간과 규모를 넘나드는 상호 연결의 의미와 중요성을 규명하는 것입니다. 이를 통해 인간이 주변 세계를 이해하고, 탐색하며 변화시키기 위해 사용하는 공간적 아이디어와 틀을 비판적으로 성찰할 수 있게 되죠. 나아가 지리학자들은 공간적 아이디어와 틀에 반영되어 있는 것은 무엇인지, 인간이 세상을 이해하는 방식과 관행을 어떻게 바꿀 수 있는지, 인류의 번영과 지속 가능한 환경을 위해 우리는 앞으로 무엇을 해야 하는지를 계속 고민합니다.

공간 패턴

북미 서부 지역 숲에서 나무좀 감염이 얼마나 심각하며, 어떻게 하면 나무의 피해를 줄일 수 있을까요? 아일랜드

더블린의 특정 지역에서 평균보다 높은 암 발병률의 원인은 무엇일까요? 프랑스 파리 외곽 지역에 형성된 가난한 이민자 공동체가 식량과 공공서비스에 접근하는 데 장애물이 되는 것은 무엇일까요? 이러한 질문에 대한 해답을 찾는 과정은 문제가 되는 현상의 공간적 분포를 파악하는 것에서 시작합니다. 즉, 해충에 감염되어 죽은 나무가 특히 많은 숲 지역은 어디인지, 암 진단을 받은 주민이 밀집된 지역은 어디인지, 식료품점과 병원이 어디에 입지해 있고 이민자 밀집 지역과 얼마나 떨어져 있는지, 그 위치를 정확히 알아야 다음 단계에서 효과적 조치를 취할 수 있기 때문입니다. 지리학자들은 '어디'라는 질문에 답하는 과정에서 지도가 갖는 유용성과 특별한 가치를 잘 알기에, 공간 패턴을 쉽게 이해하고 효과적으로 분석하기 위해 모든 현상을 지도화하는 작업부터 수행합니다.

어떤 지도는 지도 자체가 직접 강력한 메시지를 전하기도 하지만, 지도를 제작하는 과정에서 새로운 질문을 던지고 해답을 찾아나갈 수도 있습니다. 예를 들어, 도시 내 다양한 민족 집단의 분포를 표시한 지도는 왜 어떤 집단은 다른 집단보다 더 분리되어 있는지, 나아가 그러한 분포 패턴이 나타난 요인은 무엇인지 파악하게 합니다. 자연지리 분야에서는 하천의 흐름을 따라 지류를 지도화하는 과정을 통해 습지 서식지에 대한 흥미로운 정보를 언을 수 있습니다. 뿐만 아니라 특정 장소에서 침식이 활발한 원인을 추론하는 가설도 수립할 수 있습니다.

지도는 주관이 반영되지 않은 단순한 현실 묘사가 아닙니다. 오히려 특정한 관점과 우선순위를 반영한 것이므로 (이 내용은 나중에 자세히 살펴볼 것입니다) 지도를 제대로 읽어내려면 비판적 사고력이 필수입니다. 〈그림 2_3〉는 전쟁으로 파괴된 보스니아-헤르체고비나(유채색으로 칠해진 지역)를 어떻게 분할할지 계획을 담은 지도로 1990년대 초반 사람들이 어떻게 이동하고 공간을 활용했는지를 (단선과 점선으로) 표현했습니다.

영국 외무장관 오웬 경Lord Owen과 미국 외무장관 사이러스 밴스Cyrus Vance가 제안한 분할 계획은 행정구역을 따라 국경을 나누는 방식을 채택했는데, 세르비아·크로아티아·보스니아의 이슬람교도 간 갈등을 격화시켰습니다. 미국과 영국은 각 행정구역에서 다수를 차지하는 민족 집단을 파악해, 그 구역을 다수 집단에게 배당하는 방식으로 분할했으므로 공간적 변수를 완전히 무시한 건 아니었습니다.

그렇다면 무엇이 문제였던 걸까요? 오스트리아 과학아카데미 소속 지리학자 피터 조던Peter Jordan은 분쟁 이전 보스니아의 통근 패턴 정보를 파악한 뒤 현지 주민에게 의미 있는 공간, 거시적이고 미시적인 '기능 지역functional

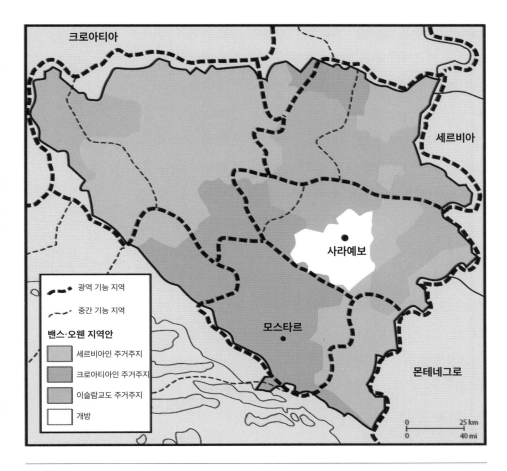

크로아티아

세르비아

사라예보

몬테네그로

모스타르

광역 기능 지역

중간 기능 지역

밴스·오웬 지역안

세르비아인 주거주지

크로아티아인 주거주지

이슬람교도 주거주지

개방

0   25 km
0   40 mi

2_3 📍 **보스니아-헤르체고비나 지도**

regions[*]이 주요 민족을 기준으로 경계를 설정한 행정 지도와 불일치한다고 지적했습니다.[1] 〈그림 2_3〉에는 실패 요인이 일부 담겨 있지만(모든 민족 집단이 거부) 갈등을 격화시킨 상황을 전부 다 설명하고 있지는 않습니다. 만일 분할 계획이 그대로 실행되었다면 보스니아의 무슬림(이슬람교도) 주민은 세르비아 및 크로아티아계 주민보다 척박한 농경지를 배정받아 불만이 더 커졌을지도 모릅니다. 이러한 관점은 지리학으로 얻을 수 있는 또 다른 통찰력의 사례입니다.

지도화 및 공간정보의 재현이 그 자체로 목적이 되어서는 안 되겠지만, 지도화 작업은 특정한 공간 패턴이 나타나는 원인을 이해하고 그러한 패턴이 어떤 영향을 미치는지 탐색하는 노력의 과정입니다. 세상에 완벽한 연구는 없고 항상 질문을 던져야겠지만 (어떤 질문을 던지고 어떤 정보를 수집할 것인가 하는 문제가 조사 결과에도 영향을 끼칠 수 있습니다) 그러한 노력의 가치는 매우 큽니다. 왜 대부분의 빙하가 후퇴하는 곳에서 일부 빙하는 전진하는지, 똑같은 자연재해가 발생해도 어떤 지역은 취약하고 어떤 지역은 별 타격이 없는지, 교통망이 연결될 경우 어떤 지역사회에 유리하게 또 다른 곳에 불리하게 작용하는지, 왜 특정 지역에 사는 사람이 다른 지역에 사는 사람보다 더 큰 사회적·경제적·환경적 어려움에 직면하는지 지도

• 특정 기능을 가지고 있는 공간과 그 공간이 영향을 끼칠 수 있는 네트워크, 선으로 연결된 범위로, 대표적으로 상권, 통근권 등이 있다. - 역자

화 작업을 통해 규명할 수 있기 때문입니다.

공간은 서로 어떻게 다를까?

공간별 차이를 다루는 방식은 장소에 따른 변화를 관찰하
면서 배울 수 있습니다. 자연과 인간의 체계를 지배하는
일반 법칙을 찾으려는 과학 연구에서는 종종 이러한 차이
를 전체 과정을 방해하는 소음 정도로 가볍게 취급합니
다. 예를 들어, 많은 경제학자와 정치학자는 그들의 모델
을 만드는 과정에서 모든 사람이 비슷한 방식으로 경제행
위에 반응한다고 가정하는 오류를 ('합리적 선택' 또는 '자기
이익'을 위해 행동하는 보편적 인간을 상정하는 방식으로) 범하
곤 합니다. 생물학자와 물리학자 역시 지역에 따라 달라
지는 환경보다 많은 장소 사이의 공통점에 주목해야 물리
적 환경의 작용을 좀 더 효과적으로 드러낼 수 있다고 가
정합니다.

　어떤 현상을 설명하는 과정에서 일반 법칙을 적용하는
연구를 통해 얻을 수 있는 통찰력도 분명히 존재합니다.
특히 자연환경을 연구하는 과학 분야에서 이러한 접근이
유효한데, 중력부터 대기의 압력 차이에 이르기까지 일반
적 자연법칙은 이런 연구의 결과물이기도 합니다. 금융

흐름 분석이나 인간 접촉을 통한 질병 확산 등의 분야도 과학 법칙과 분석을 통해 문제를 해결하기 좋은 분야입니다. 하지만 하천 제방의 침식에 영향을 끼치는 특정한 지리 조건이나 경제적 어려움을 극복하기 위해 이주를 결정하는 과정 등 공간에 따른 차이에 우선 주목하는 지리적 접근을 시도해야 문제 해결이 가능한 경우도 많습니다. 보다 광범위한 일반화에 도달하려면 개별 사례를 구체적으로 비교하고 무엇이 일반적인 현상이고 특수한 현상인지를 구별하고 고민하는 과정을 거쳐야 합니다.

공간적 다양성에 초점을 맞추면, 〈뉴욕타임스〉의 칼럼니스트 토머스 프리드먼Thomas Friedman이 2005년 출간한 유명한 책 《세계는 평평하다The World is Flat》[2]에서 드러나는 지나친 일반화의 한계를 극복할 수 있습니다. 프리드먼은 세계화가 빠르게 진행되며 실리콘밸리의 첨단산업에 종사하는 기술자들이 이제 런던, 암스테르담, 도쿄, 벵갈루루 등에서 일하는 노동자와 긴밀하게 연결되고 동등한 수준에서 경쟁하기 때문에 지리적 차별 요소가 사라지고 있다고 주장합니다. 그는 고국을 떠나 세계 각국에서 살아가고 자주 여행하는 세계의 비즈니스 엘리트들, 정기적으로 다양한 국적의 사람들과 소통하고 공동의 프로젝트를 수행하는 교수들, 비슷한 장소에서 휴가를 보내는 전 세계의 부유층, 나아가 영국 프리미어 축구팀을 열렬

2_4 ♥ 위성에서 내려다본 남북의 야경 차이

히 응원하는 팬이 잉글랜드 북부 지역뿐 아니라 지구 반
대편에 있는 태국 남부 지역에도 존재하는 상황을 자신의
주장을 입증하는 근거로 제시합니다.

　물론 세계화는 전례 없는 방식으로 전 세계 사람을 하
나로 모으고 있고, 특정 지역의 특정한 사람에게만 주어
지던 기회도 어느 정도는 평평해졌습니다. 그럼에도 프리
드먼의 주장을 지리적 관점에서 검토하면 바로 한계가 드
러납니다. 세계 인구의 절반에 가까운 일부 사람은 태어
난 곳에서 100킬로미터 이상 떨어진 곳으로 여행을 떠나
본 적이 없으며 세계적으로 빈부 격차는 더 커지고 있습

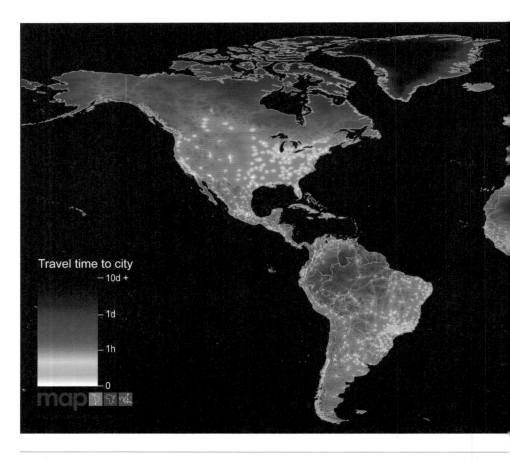

2_5 📍 2015년 기준 도시로의 이동 시간 세계지도

Travel time to city
— 10d +
— 1d
— 1h
— 0

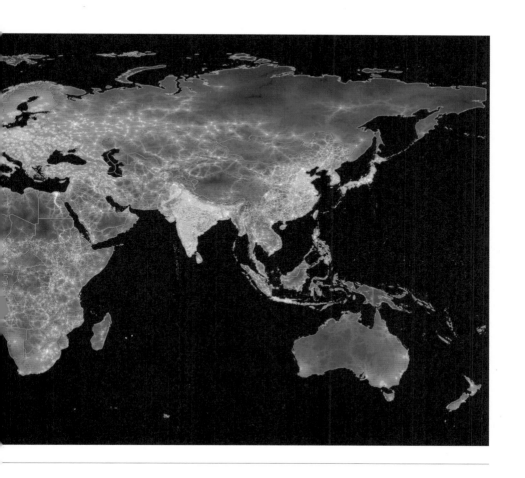

니다. 북부 예멘의 시골에 사는 주민과 스코틀랜드 농촌에 사는 주민의 삶은 완전히 다릅니다. 국경을 사이에 두고 얼마 떨어지지 않은 지역에서 살아가는 사람의 삶에도 엄청난 격차가 존재합니다. 남한에 속한 파주의 중산층 가정에서 태어난 아이와 불과 25킬로미터 떨어진 북한 개성에서 태어난 아이의 운명은 완전히 달라집니다.

지리학은 이러한 차이에 주목하는 학문이라는 점에서 큰 가치가 있습니다. 〈그림 2_5〉은 지구가 평평하다는 주장을 강하게 반박합니다. 다양한 색상을 사용하여 도시의 인구 밀집 지역(중심지)까지의 이동 시간을 보여주는 지도를 봅시다. 지도에서 노랑으로 표시된 영역에 거주하는 사람은 프리드먼이 강조한 세계화의 열매에 쉽게 접근할 수 있지만, 진한 빨간색과 보라색으로 표시된 지역 주민은 접근이 어렵습니다. 도시 중심지에 대한 접근성은 특히 중-저소득 지역에서 건강 및 사회경제적 지표와 밀접한 상관관계를 보입니다. 지도를 통해 얻을 수 있는 통찰력을 활용해 우리는 프리드먼의 이론이 말하지 않는, 오늘날 세계에서 실제로 살아가는 사람들이 직면한 다양한 기회와 과제에 대해 알 수 있게 됩니다(국가별 1인당 GDP를 기반으로 경제 발전 수준을 표현한 기존 지도에서는 이러한 차이를 드러내기 어렵습니다).

경제 불황에서 홍수 발생까지 일반화 모델을 통해 제

대로 예측하거나 설명할 수 없는 이슈가 많습니다. 〈그림 2_5〉에서 묘사된 차이들이 드러내는 공간적 다양성은 지리학의 주된 관심 분야입니다. 시베리아 호수가 줄어드는 경우가 좋은 사례입니다. 시베리아의 기후가 온난화되어 영구동토층*이 녹고 있다는 명백한 증거가 있습니다. 영구동토가 녹으면 호수의 개수와 면적이 늘어날 것이라는 가정이 오랫동안 이어졌고, 특히 시베리아처럼 강수량이 약간 증가한 지역에서는 더욱 그러할 것으로 예상되었습니다. 그러나 UCLA 소속 지리학자 로런스 스미스Laurence Smith와 동료들이 시베리아 호수의 공간 배치 변화 및 자연환경적 특성을 자세히 조사하기 위해 수집한 원격 감지 데이터를 분석하자 의외의 연구 결과가 나왔습니다. 연구 지역의 일부, 특히 영구동토층 경계와 가까운 지역에서 호수의 수와 면적이 현저하게 감소했음이 발견된 것입니다.[3] 즉, 시베리아의 특정 지역에 위치한 호수에서는 일반적인 가설을 적용할 수 없다는 사실이 밝혀진 것입니다. 영구동토가 융해되는 초창기에는 호수의 물이 증가하지만, 퇴적물·토양·암석 등이 복합적으로 영향을 주고받는 가운데 지층의 투과성이 높아져 이전보다 호수물이 쉽게 빠지게 되어 나타난 현상입니다. 이러한 연구는 향후 수십 년 동안 이어질 기후변화의 영향을 더 받는 지역과 덜 받는 지역이 어디인지를 이해하고 대책을 세우는 데 중요

● 극지방 부근이나 고산지대에서 토양과 암석이 10센티미터에서 1,000미터 깊이까지 연중 영하의 기온을 유지하는 지층 – 역자

한 기초자료가 될 수 있습니다.

또 다른 사례는 미국 남부 지역의 홍수로 인해 드러난 주택 정책의 실패입니다. 더 안전하고 살기 좋은 도시를 만드는 것은 모든 사람이 추구하는 목표이지만, 이를 달성하기 위한 효과적 정책이 무엇인지는 지역적 특성에 따라 달라질 수 있습니다. 제2차 세계대전 이후 루이지애나 남부의 지방 정부는 내구성이 강한 건축물 개발을 촉진하기 위해 국가적 차원의 건축 법규 표준을 채택하기 시작했습니다. 슬래브 온 그레이드 공법(지반과 구조물 사이에 빈 틈이 없는 상태로 건축물의 기초 역할을 하는 콘크리트 슬래브를 설치하는 방식입니다)*이 전국 표준의 하나로 결정되어 전국적으로 확산되었습니다. 루이지애나 남부에서도 이 표준 공법을 채택한 건축이 늘어나면서 교각 위에 집을 짓는 오랜 관행은 이제 외면받았습니다(이 지역의 자연환경적 특성을 반영한 전통적인 주택 건축법은 지면에서 18~24인치 높이에 집을 짓는 방식) 2016년 8월 배턴루지를 강타한 대홍수 때 큰 피해를 본 주택의 상당수가 18인치도 채 안 되는 물에 침수되었는데, 대부분 최신 슬래브 온 그레이드 공법으로 지은 집이었습니다. 홍수의 위험이 큰 루이지애나 남부의 지역적 특성을 고려하지 않고 전국 표준 건축 방식을 도입함으로써 수만 명의 사람들에게 치명적인 결과를 초래한 셈입니다.

- 바닥의 지반을 다진 후 바닥면에 콘크리트를 타설하는 공법으로 건물 바닥이 지면과 접해 있다. – 역자

이러한 재앙을 피하는 유일한 방법은 공간의 다양성을 고려하는 것입니다. 영국의 사우샘프턴과 같이 비교적 소규모 도시에서 잘 기능하는 대중교통 계획이 거대한 대도시 맨체스터에서는 제대로 작동하지 않을 수 있습니다. 호주의 건조한 덤불 지대에서 활용된 화재 진압 방식이 인적이 드문 캐나다의 냉대 침엽수림 지역에서도 효과적이라는 보장은 없습니다. 결국 이해를 추구하며 광범위하게 적용 가능한 보편적인 정책을 수립하려 하기보다는 각 지역의 자연환경·인구 특성·사회 및 문화적 다양성을 인식하고 지역 차이를 적극적으로 고려해야 복잡한 사회적·환경적 문제에 효과적으로 대응할 수 있다는 결론에 도달하게 됩니다.

공간과 규모는 상호 연결되어 있다

장소는 고립되어 있지 않습니다. 장소는 근처와 먼 곳의 상황과 사건의 영향을 받고, 세계가 점점 더 긴밀하게 연결되며 그러한 영향은 증대되고 있습니다. 영국 북동부 해안에 위치한 도시, 헐Hull에서 영국의 유럽연합EU 탈퇴에 대한 찬성표가 많이 나온 것은 단순한 지역 문제에서 비롯된 것만은 아니었습니다. 다른 지역보다 더 심각하게

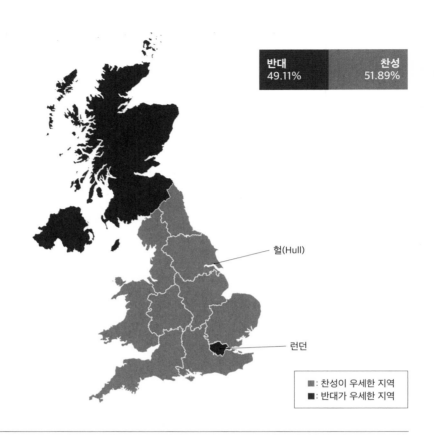

반대 49.11%	찬성 51.89%

헐(Hull)

런던

■ : 찬성이 우세한 지역
■ : 반대가 우세한 지역

2_6 📍 **영국의 브렉시트 찬반 비율을 표현한 지도**

느껴지는 경제적 소외감, 런던에서 영국을 지배하는 엘리
트들이 오랫동안 영국 북부 지역의 문제를 간과하고 홀대
해온 사실, 어업이 쇠퇴하며 누적된 좌절감을 모두 EU 탓
으로 돌리는 주민 정서도 작용했습니다.[4] 또한 동유럽 출

신 이민자를 보며 느끼는 불안, 영국이 더 이상 국내문제를 통제할 수 없으며 EU의 이민 정책에 끌려가는 무력한 국가로 전락했다고 주장하는 정치인의 선동이 먹힌 결과였습니다.

헐의 예는 특정 지역에서 일어난 현상을 이해하는 데 공간을 넘나들며 상호 연결성을 파악해야 하는 이유를 잘 보여줍니다. 단순히 개별적인 위치들 간의 상호 연결뿐 아니라 규모를 고려해 연결성을 분석해야 합니다. 브렉시트Brexit는 국가, 유럽 규모에서 지역에 영향을 미쳤고, 물론 지역 규모에서 일어난 일 역시 그 범위를 뛰어넘는 결과를 가져왔습니다. (브렉시트는 헐뿐 아니라 비슷한 규모의 다른 도시에서도 특정한 방식으로 투표가 진행된 결과였습니다.) 지역 차원에서 세계적 차원에 이르는 다양한 규모에서 상호 연결성을 살펴보는 것은 장소, 현상, 과정을 맥락 속에서 이해하게 해주며 핵심적인 인과관계도 자연스럽게 파악할 수 있게 됩니다.

공간적 상호 연결의 중요성을 이해하려면 각각의 장소와 관련된 속성은 오랜 시간에 걸쳐 다양한 공간이 서로 영향을 주고받은 후 형성된 결과라는 점을 고려해야 합니다. '스위스' 하면 초콜릿을 떠올리는 사람들이 많습니다. 하지만 코코아 원두는 스위스에서 재배된 적이 없고, 스위스 농업은 낙농이 중심입니다. 자국의 영토에서 멀리 떨어진 지역에서 원료를 수입해 제품을 생산하고 외국으로 수출하는 무역 구조를 만들고 관리하는 스위스의 능력 자체가 스위스의 대표 상품이 아닐까 싶습니다.

지난 세기 소수의 오지를 제외한 세계 거의 모든 지역이 다른 곳과 긴밀하게 연결되었습니다. 워싱턴 DC 교외에 있는 의류 전문 도매상가에서는 복잡하게 얽힌 '공급사슬'을 확인할 수 있습니다. 우선 중앙아시아에서 생산된 목화는 실을 짜기 위해 튀르키예(터키)로 운송된 후 중국에서 염색 과정을 거쳐 베트남으로 보내집니다. 프랑스산 단추가 달린 바지 한 벌이 베트남 봉제 공장에서 만들어진 후 미국 워싱턴 교외까지 긴 과정을 거쳐 이동합니다. 흥미롭게도 이런 옷에는 종종 미국이나 프랑스나 이탈리아와 같은 패션 중심지에서 디자인되었다는 라벨이 붙어 있습니다. 이러한 공급사슬을 따라 다양한 형태의 외국인 소유 구조 및 관리 체제가 작동하고, 상품을 운송하는 과정에서 다양한 지리적 요소가 영향을 끼치니, 공급사슬은 그보다 훨씬 더 복잡한 '국제적 생산 네트워크'의 일부에 해당될 뿐입니다.[5]

2017년 1월 취임식을 앞둔 도널드 트럼프Donald Trump 대통령은 이러한 네트워크를 전혀 이해하지 못하는 듯했습니다. 트럼프 대통령은 미국 내 일자리를 보호하기 위해 멕시코산 자동차를 수입할 때 35퍼센트의 관세를 부과하는 방안을 검토해야 한다고 주장했습니다. 보호주의 정책에 대한 찬반양론이 있을 수 있겠지만, 이러한 정책은 미국과 멕시코 자동차 산업의 상호 연결성을 전혀 고려하지 않은 피상적 조치, 정치적 수사에 불과합니다. 미국에서 조립되는 자동차에 포함된 부품의 3분의 1 이상이 멕시코산이며, 멕시코에서 조립한 자동차에는 미국에서 제조된 부품이 많이 포함되어 있는 게 현실입니다. 따라서 트럼프 대통령의 제안대로 관세가 부과될 경우, 자동차 생산과 일자리 확대에 있어 양국 모두에서 매우 부정적인 영향이 발생할 수밖에 없습니다. 간단히 말해, 관세 제안과 그 잠재적 영향에 대해 합리적 논의가 이루어지려면 공간을 둘러싼 지리적 연결성을 충분히 고려해야만 합니다.

공간과 규모를 넘나드는 연결 고리가 중요한 것은 경제 분야만이 아닙니다. 이탈리아 북부 코모Como 호수 연안 식생 변화와 난개발 문제는 국지적·지역적·대규모 차원에서 생물물리학적 환경의 변화와 외래종 유입, 전통적인 농업 방식의 영향, 인간에 의한 오염, 호수 인근 주택 증가 등 여러 이슈가 복합적으로 작용하고 있습니다.

2010~2020년 사이 시리아를 뒤흔든 갈등은 외부 세력의 식민주의적 관행(경계선 설정, 외부에서 강요된 행정 체계, 수출에 의존하는 경제구조 등)과 튀르키예·이라크 등 국경

2_7 📍 코모 호수의 위기

이탈리아에서 세 번째로 큰 호수이자 아름다운 풍광으로 인기 있는 휴양지인 코모 호수는 조지 클루니의 결혼식과 저택 구매로 더 유명해졌다. 이후 고급 별장이 지어지고 난개발이 이어지면서 지반 침식과 수위 변동이 심해지고 산사태와 생태계 교란 등의 문제가 발생하고 있다. – 역자

을 맞대고 있는 이웃 국가와 복잡하게 얽힌 관계, 시리아가 보유한 독특한 지역적·국제적 생산 네트워크, 이란·러시아·미국 등 여러 강대국의 지정학적 야망이 반영된 결과입니다.

남아프리카공화국의 도시, 더반에 있는 빈민촌의 열악한 환경은 식민 시대의 권력 관계, 프리토리아*를 지배해온 엘리트층과 인종차별적인 정부의 관행, 많은 사람의

• 남아프리카공화국의 행정 수도 – 역자

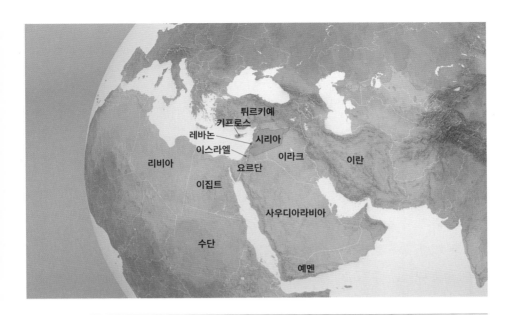

2_8 📍 **시리아 위치와 주변국**

희생을 통해 오직 소수의 특권층과 지역만 풍요를 누리게
하는 세계 경제 체제와 공간 구조에서 비롯되었습니다.
공간과 규모를 상호 연결성의 관점에서 접근하는 방식은
매우 복잡하기에 어떤 결과를 만들어내는 힘의 전체 범위
를 파악하기 매우 어렵습니다. 지리학자 역시 어떤 요소
에 관심을 우선해야 하고, 어떤 지리학 이론이 결과를 설
명하기에 가장 적합한지 계속 논쟁합니다. 하지만 지리적
상황을 만드는 복잡한 연결성을 파악하고 이를 정리하고
분석하려는 노력은 생산적인 논의를 진행하기 위한 기본

조건이 됩니다.

21세기 전 지구적으로 연결의 강도가 점점 높아지는 상황에서 한 지역에서 일어나는 현상이 규모가 상이한 다른 지역에 영향을 미치는 방식을 이해하려는 지리학 연구의 중요성은 더 커질 수밖에 없습니다. 유럽과 북미 지역의 소비 행태가 아프리카와 남아메리카의 농업 관행에 미치는 영향은 무엇일까? 양쯔강 상류 지역의 토지 이용 관행이 하류의 범람에 어떤 영향을 미칠까? 새로운 가상 상호작용 기술이 어떻게 이동 유형을 변화시키고 도시의 조직을 변화시키고 있을까? 상업적 어업 관행, 새로운 파이프라인 건설, 석유 생산은 그 지역 토착 사회의 운명을 어느 정도까지 바꾸고 있는가? 이 같은 지리적 질문을 던지고 답하는 과정은 21세기에 산적한 문제를 해결하는 데 매우 중요합니다. 지리적 사고력은 특정 이슈의 논의를 체계화하는 과정에서 그 대상이 되는 장소와 규모에 대한 비판적 사고를 촉진할 수 있는 잠재력을 가지고 있습니다. 예를 들어, 멕시코에서 발생하는 마약 관련 폭력 사건을 단순히 멕시코의 문제로만 보지 않고 마약 거래의 지리적 범위를 확장시켜 이 문제를 바라본다면, 미국과 유럽의 마약 소비가 멕시코의 사회 안정에 미치는 영향을 더는 무시하기는 어려워집니다.

공간적 가정을 의심하기

멕시코 마약과 관련된 폭력 문제는 공간과 공간 구조에 대한 비판적 사고의 필요성을 환기시킵니다. 거의 모든 학문 및 연구 분야에서 연구 대상과 과정에 대한 비판적 성찰은 필수가 되고 있습니다. 이제 지리학자는 공간에 관련된 아이디어를 당연시하지 않고 공간적 사고의 가치, 유용성, 나아가 적절성에 대해 본질적인 질문을 던지고 있습니다. 사회경제적 문제의 원인과 결과를 주州나 국가 수준에서만 분석하지 않고 도시나 지역의 규모에서 분석할 경우 문제의 원인과 결과에 대한 해석이 달라질 수 있습니다. 이는 큰 규모에서 발생하는 현상이 소규모 지역과 어떻게 관련되어 있는지를 연구할 때도 마찬가지입니다. 예를 들어, 지중해 지역을 중심으로 환경 문제를 평가한다면 남유럽 또는 북아프리카에만 주목하는 분석과는 연구 결과가 다를 수밖에 없습니다.

많은 언론인, 정치인, 정책 입안자, 교육 관계자, 기업 CEO를 포함해 사실상 모든 사람은 세계에 대해 설명하거나 대안을 모색할 때 지리적 사고를 활용합니다. 중동, 미국 중서부 지역 등에 관해 설명할 때는 지리적 상상력이 모호할 수도 있고 호주, 런던에 대해서는 좀 더 정확하게 지리적으로 설명할 수도 있을 겁니다. 어떤 경우든 적절한 지리적 관점과 틀을 활용하면 구조 속에서 무엇이 감춰지고 무엇이 드러나는지 파악하고 구별하는 안목이 생깁니다. 나아가 특정한 유형의 정보나 데이터는 왜 풍부하고 또 많은 주목을 받는지, 그렇지 않은 정보는 무엇이고 왜 그런지를 인식하는 것도 중요합니다. 예를 들어, 많은 데이터가 정치적·행정적 경계에 따라 수집되고 축적되는 경향이 있기에 정치적 경계를 가로질러 수행되는 연구보다는 정치적 경계로 나뉘는 각 지역의 개발 상황을 비교하는 연구가 훨씬 더 많습니다.

정보의 수집과 확산 과정에서 지도에 숨어 있는 정치적 의미와 공간적 분포가 미치는 영향을 이해하면 우리가 각 국가를 독립적으로 표시한 세계지도를 이미 결정된 공간으로 당연시했던 태도를 반성하게 됩니다. 그동안 우리가 무심코 참고한 정치 지도가 현대의 지리적 상상력을 얼마나 강력하게 지배해왔는지를 비판적으로 성찰하는 전문가는 여전히 거의 없습니다. 우리는 콩고강 유역, 유럽에서 프랑스어를 사용하는 지역, 북미의 밀 재배 지역에서 일어나고 있는 현상을 언급할 때 콩고민주공화국, 프랑스, 캐나다 등 국가명만 쉽게 떠올릴 뿐 그곳에서 살아가는 수많은 다양한 사람의 입장과 복잡한 상황을 고려하지 못합니다. 사건이 발생했을 때 그 위치를 정확히 묘사하기보다는 정치 이슈가 아님에도 불구하고 세계 정치 지도에서 국가명을 대표로 간단히 언급하는 경우가 대부분입니다. 예를 들어, 쓰나미를 설명할 때 혼슈 동북부 해안이라고 정확히 위치를 밝히기보다 일본에서 발생한 쓰나미라고 하고, 외국에서 온 손님을 환영할 때 다양한 정체성을 언급하기보다는 출신 국가를 선호해 케추아, 과라니, 아이모라 대신 볼리비아인을 환영한다고 하고, 인도의 문맹률은 중국보다 30퍼센트 낮다는 식으로 국경에 기초해 세계에 대한 정보를 구성하는 경우가 많습니다.[6]

정치 지도에 표현된 패턴과 지리적 속성에 대한 비판적 성찰이 부재한 상황에서 정치적 패턴과 (인구 특성, 종족, 자연환경 등) 다양한 요소의 지리적 패턴 간의 차이를 무시하거나 모든 국가를 본질적으로 같은 단위로 취급하게 되면 심각한 문제가 발생할 수밖에 없습니다. 예를 들어, 14억 명이 넘는 인구에 면적은 900만 제곱킬로미터에 달하고 거대한 관료조직을 갖춘 중국과 인구가 1만 명도 안 되며 면적은 21제곱킬로미터에 불과한 남태평양의 작은 섬나라 나우루를 동일한 단위로 비교하기 어렵습니다. 나우루 정부는 중국 작은 도시의 행정 조직보다도 작습니다. 확실히 소련의 해체, 유고슬라비아의 분열, 남수단 지역에서 확산 중인 분리주의 운동 등은 세계 정치 지도가 고정되지 않고 정치적 패턴은 늘 역동적으로 변화해왔음을 일깨워줍니다. 그러한 사건이 발생한 맥락과 진행

과정을 정확히 파악하려면 세계 정치 지도에 내재된 공간 패턴을 분석할 수 있는 비판적 사고력이 필수입니다. 나아가 다양한 국제 문제를 규정하는 틀framework로서 지도가 갖는 힘도 함께 고려해야 합니다.

이와는 대조적으로, 일상생활에서 지리적 사고력을 기르면 복잡한 문제를 이해하고 해결하는 통찰력을 가질 수 있습니다. 왜 우리는 소말리아의 북쪽과 남동쪽이 완전히 분리되어 독립적으로 기능하는데도 왜 소말리아를 세계 정치 지도에서 하나의 국가로 인식하는 것일까요? 인도와 중국 사이에 끼어 있는 네팔이 중국보다 인도와 가까워진다면 어떤 일이 일어날까요? 이와 같은 (지리학적인) 질문은 현대 지정학의 현장을 이해하는 데 필수적인 사고력의 함양에 도움이 됩니다.

공간에 대한 비판적 사고력은 소규모 지역에서 구체적이고 실질적인 문제를 해결해나가는 과정에서 도움이 됩니다. '생물종 보존 지역의 위치가 적합하고 그 경계가 올바르게 설정되어 있는가? 도심의 거리와 인도가 접근성과 이동의 편의성을 높이는 방식으로 배치되어 있는가? 어떤 지역에서 버스정류장, 기차역, 고속도로 진입 지점의 위치가 특정 집단에만 유리하게 설정되어 있는가? 공공 장소인 공원의 위치와 내부 구조를 결정할 때 서로 다른 지역의 주민들은 각각 어떤 부분의 변화와 제약에 민감하게 반응하는가?' 어떤 도시도 완벽하게 공정한 방식으로 형성될 수 없겠지만, 향후 몇십 년 동안 좀 더 살기 좋고, 정의롭고, 지속 가능한 공동체를 만들어가는 과정에서 적절한 지리적 질문을 던지는 일은 더욱더 중요해졌습니다.

또 다른 귀중한 통찰력은 특정 지도가 그려지는 방식을 뒷받침하는 아이디어와 이러한 지도가 이해를 형성하는 데 어떤 역할을 하는지 비판적으로 성찰하면서 생깁니다. 지금까지 살펴본 바와 같이, 지도는 의도적이든 암묵적이든 우선순위와 이데올로기적 편향을 반영합니다. 어떤 투영법(평면 지도에 지구의 곡면을 나타내기 위해 채택된 방법)을 사용하여 지도를 제작할지 선택하는 과정에서 평면에 둥근 행성의 특징을 왜곡 없이 표시하는 것은 불가능하다는 것을 깨닫게 됩니다. 이처럼 지도의 투영법을 선택하면서 필연적으로 특정한 주제를 다른 주제보다 더 정확하게 표현하고자 하는 욕망을 확인하게 되죠. 수 세기 동안 북미와 유럽에서 제작된 세계지도는 메르카토르 도법을 채택했습니다. 지도 중앙에 대서양이 위치하는 이 지도는 항해에는 유용했지만, 육지 면적이 지나치게 왜곡되는 (극지역은 크게 확대되고 적도 부근은 축소되는) 문제가 있었습니다. 그린란드가 아프리카보다 더 커 보이거나 동아시아는 주변으로 내몰리는 대서양 중심 세계지도가 전 세계로 보급되면서 서구중심주의가 강화되는 부작용을 낳았습니

2_9 ♥ 메르카토르 도법을 사용한 세계 지도와 실제 크기 비교

다. 즉, 대서양 중심의 메르카토르 지도의 광범위한 사용에 따른 영향을 정확하게 계산할 방법은 없지만, 아프리카와 동아시아를 소외시키고 북미와 유럽의 관점을 강조되는 경향은 지금도 여전합니다.

특정한 정치적 목적하에서 지도가 제작되고 편향된 정치적 의도가 지도를 통해 전파되는 경우도 많습니다. 예를 들어, 한국과 일본 사이의 동해와 독도의 명칭을 둘러싼 논쟁이 계속되는 가운데, 지도는 분쟁 지역에서 한 나라 또는 다른 나라의 영토 주장을 보여주는 수단입니다. 또한 특정한 사회문제에 대한 관심을 촉발하거나 특정 활동의 환경적 결과를 강조하는 데에도 지도도 활용되고 있습니다. 지도 제작과 정치의 연결 고리를 보여주는 가장 좋은 예는 냉전 시대에서 찾을 수 있는데, 냉전 시대 소련의 위협이 얼마나 가까이 있는지를 강조하기 위해 미국은 〈그림 2_10〉과 같은 극지방 중심의 투영법에 기초해 지도를 만들고 널리 보급했습니다. 나아가 미국은 이 지도를 통해 미국에 대한 소련의 잠재적 위협을 강조하는 효과까지 얻을 수 있었습니다.

기술 발전으로 인해 오늘날의 지도 제작은 몇십 년 전에 비해 훨씬 쉽고 저렴해졌습니다. 이러한 발전은 지도에 신중하게 접근하고 비판적으로 사고하는 능력을 길러야 함을 의미합니다(이러한 관점에 대한 자세한 내용은 5장 참조). 지도의 확산은 지리학 연구의 새로운 지평을 열어주고 중요한 과제를 던지고 있습니다. '지도와 내비게이션 도구가 주변 세계를 이해하고 이동하고자 하는 사람들의 노력에 어떠한 방식으로 작용하고 있을까? 도움이 되는가 방해가 되는가? 도시 설계와 공간을 개선하는 과정에서 신체에 장애가 있는 사람을 포함해 다양한 집단에 속한 사람에게 유용한 지도를 만들려면 어떤 조치가 필요할까? GPS 사용의 확대가 사람들이 우주의 관점에서 장소

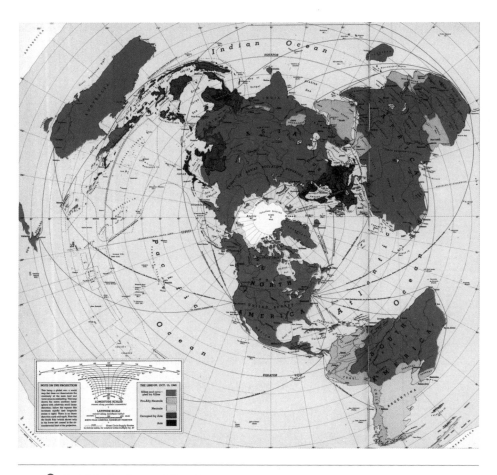

2_10 📍 극지방을 강조한 투영법 활용 지도

를 생각하고 이동하는 방식에 변화를 주었을까?' 이러한
새로운 질문과 영역을 아우르는 공간 표현 방식과 그 영
향 및 유용성을 탐구하는 지리적 연구에 대한 관심은 계
속 높아지고 있습니다.

결론

200여 년 전 발명된 철도 운송은 사람들이 어디에서 살
고 제품을 어디에서 생산하고 정부가 어떻게 영토를 관리
할지, 나아가 개인이 거리를 어떻게 생각하고 어떤 지역
에 접근할 수 있는지 등과 관련한 지리적 변화를 가져왔
습니다. 통신의 발달로 집을 떠나 먼 곳에서 생활하는 사
람도 계속 가족과 연락할 수 있게 되면서 먼 곳에 사는 사
람과 자신의 삶이 어떤 관련이 있는지도 자연스럽게 생각
하게 되었습니다. 자동차와 비행기가 개발되면서 비슷한
변화가 일어났고, 21세기 들어 이동성과 연결성 측면에서
또 다른 혁명이 현재 진행형입니다. 혁신적 발명품 하나
에 그치지 않고 향후 몇 년 안에 중대한 변화를 가져올 수
있는 기술 혁신과 사회적 환경 변화가 동시다발적으로 급
속하게 진행되는 중입니다. 무인 자율주행차, 다양한 종류
의 전기자동차, 승차 공유 시스템, 초고속열차와 함께 점

2_11 📍 21세기 전쟁으로 인한 사망자 수

점 더 널리 보급되는 인터넷 등이 이에 해당합니다. 여러 혁신과 변화가 서로 영향을 주고받는 가운데, 수십억 명의 사람이 그들 주변의 세상을 경험하고 이해하는 방식도 급변할 것입니다.

　이러한 변화의 의미를 이해하고 인류 전체에 도움이 되는 방식으로 활용하기 위해서는 진화하는 공간 배치, 관계 및 구조에 대한 사려 깊은 연구와 지리적 분석이 계속

되어야 합니다. 특히 이동성과 연결성의 패턴이 어떻게, 왜 변화하고 있는지, 또한 그러한 변화가 다른 장소와 지역사회에 어떤 영향을 주는지를 다각도로 조명하고, 기술 혁신이 장소와 인간과의 관계를 어떻게 바꾸는지 주목해야 합니다. 새로운 기술의 도입 결과 도시와 인근 지역의 토지 이용 관행이 바뀌거나 인구 특성에 따라 차별적인 영향을 끼치기도 합니다. 혁신이 가속화되며 농촌과 도시 지역 간의 연결성이 높아지고 자연환경이 변화하는 가운데 사람들의 공간적 감수성도 변화하기도 합니다. 21세기 지구 생태계와 인간의 삶이 급변하는 거대한 전환기에 좋은 지리적 질문을 던지는 일은 더 중요해졌습니다.

3

장소란
무엇일까?

지리학은 연구 대상보다는 분석하고 설명하는 방식을 통해 정의되는 경우가 많습니다. 장소의 특성에 대한 폭넓은 관심은 부수적인 영역으로 인식됩니다. 하지만 장소에 대한 관심은 지리학의 역사만큼 오래되었습니다. 서구의 학문 전통에서 초기 그리스 지리학자들은 여행하며 마주친 다양한 장소를 서술했고, 아랍, 페르시아, 유럽의 지리학자들 또한 장소에 대한 다양한 설명을 남겼습니다. 어떻게 장소가 형성되고 또 현재 어떤 모습인지를 탐구하는 지리학을 통해 우리는 장소가 어떤 자연적 과정을 거치고 인간의 영향을 받아 얼마만큼 발달했는지에 대한 소중한 통찰을 얻을 수 있습니다.

　남아프리카공화국에 위치한 조지George는 인도양과 가까운 서부 케이프 지역의 고원 꼭대기에 자리 잡은 적당한 규모의 도시입니다. 아름다운 자연, 산림 자원과 경작지의 근접성으로 인해 수천 년 동안 사람들은 이 지역으로 몰려들었습니다. 조지는 19세기 초 영국 케이프 식민지의 지도자들에 의해 세워졌습니다. 상권은 〈그림 3_1〉에서 '도심'이라고 표시된 곳인데[1] 도시가 생긴 후 처음 몇십 년 동안은 서서히 성장했지만, 교통 연계가 개선되고 목재 산업이 확장되면서 성장세가 가속화되었습니다. 20세기 후반에 이 마을은 상업과 서비스의 중심지로 자리 잡았습니다. 오늘날에는 인구 약 15만 명이 거주하는, 유명 관광지이자 회의가 열리는 도시입니다.

외부인들은 종종 조지를 훌륭한 회의 시설과 멋진 골프장, 역사적인 장소가 있는 아름다운 도시로 생각하지만 인종적 분열이 심한 곳이기도 합니다. 이 사실은 그곳에서 시간을 보내본 사람이라면 누구나 알지만, 지리적 렌즈로 도시를 바라보면 훨씬 더 많은 것을 알 수 있습니다. 인종 차별이 시간의 흐름에 따라 도시 구조와 조직에 어떤 영향을 미쳤고 현재까지 어떤 영향을 주고 있는지를 말입니다. 킴벌리Kimberly와 데이비드 레인그란David Lanegran은 통찰력 있는 도시 지리 논문에서 조지 지역이 19세기 도시가 설립된 이후 인종적으로 분리됐다고 지적했습니다.[2] 도시 남쪽으로 몇 마일 떨어진 곳에 파칼츠도프Pacaltsdorp(그림 3_1)라고 불리는, 상당한 유색인종 공동

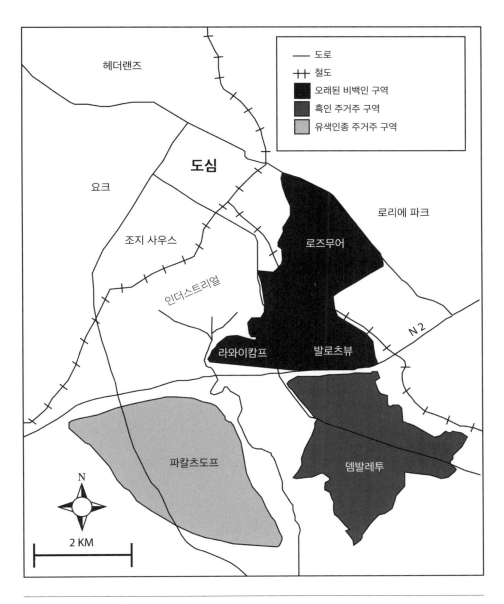

헤더랜즈

도심

요크

조지 사우스

인더스트리얼

라와이캄프

로즈무어

로리에 파크

발로츠뷰

N 2

파칼츠도프

뎀발레투

N

2 KM

도로

철도

오래된 비백인 구역

흑인 주거주 구역

유색인종 주거주 구역

3_1 📍 대도시가 갖는 기본적인 지리적 특성을 나타내는 남아프리카공화국의 도시 조지.

체(여러 출신의 혼혈)가 생겨났습니다. 파칼츠도프의 많은 주민이 조지에서 일했지만, 파칼츠도프는 자치적인 정치적 상태에 있었습니다. 조지 도시 자체로 볼 때, 이 도시의 상당수 백인 인구가 도심 근처에 집중되어 있었고 지도에 있는 로즈무어Rosemoor라는 지역에 초기 흑인 인구가 뿌리를 내렸습니다. 흑인 인구가 증가하면서 라와이캄프Lawaaikamp로 밀려나기 시작했고, 결국에는 주요 도로인 N2의 남쪽에 위치한 뎀발레투Thembalethu로 밀려났습니다.

조지의 지리적 성격은 1948년에서 1991년 사이의 인종 관계와 남아프리카공화국 아파르트헤이트* 정권의 영향을 반영합니다. 또한 아파르트헤이트의 종식에도 불구하고 오히려 인종 분리는 강화됐습니다. 1990년대의 조지 정부는 아파르트헤이트의 유산을 극복하고자 했지만, 당면한 주택 부족 문제 해결을 위해 일단 주택을 새로 짓는 게 우선이었습니다. 가용 토지의 제한과 비용 요인 등으로 정부가 승인한 신규 주택 건설은 컬러 파칼츠도프Colored Pacaltsdorp와 블랙 뎀발레투Black Thembalethu 외곽에 집중되었습니다. 두 정착지의 북쪽으로 이어지는 N2 도로는 조지 도심으로 접근하는 것을 막았고, 결국 인종 분리 현상은 이전보다 오히려 더 강화되었습니다. 신규 주택 사업으로 파칼츠도프와 뎀발레투 사이의 물리적 거

• 남아프리카공화국이 자행한 극단적인 인종 차별 및 거주지 분리 정책 – 역자

리는 더 가까워졌지만, 두 지역을 가르는 강 위에 다리가 건설되지 않아 서로 연결되지 못하는 상황이었습니다. 결국 두 지역 사이의 연관성을 고려하지 않고 따로 보고 도시개발을 계획했기 때문에 나타난 부작용입니다.

조지의 사례는, 아파르트헤이트 정권의 퇴진 등 극적인 변화가 일어나더라도 장소의 특성을 고려하지 않은 정책은 또 다른 문제를 낳는다는 것을 잘 보여줍니다. 조지 지역을 통합적으로 접근했다면, 스카프코프강Skaapkop River 위에 다리를 놓아 파칼츠도프와 뎀발레투를 연결했다면, N2 도로가 두 지역 간의 이동을 방해하지 않았다면, 파칼츠도프와 뎀발레투를 서로 다른 지역으로 인식하는 오래된 고정관념을 극복했다면, 아파르트헤이트 이후 조지의 상황은 전혀 달라졌을 수 있습니다. 장소의 특성과 상호 연결의 중요성을 제대로 인식하려면 조지라는 도시의 지리적 성격과 공간 구조를 통합적으로 이해하고 접근해야 합니다.

장소에 대한 지리적 설명은 호기심을 충족시키는데, 장소에 집중하는 것도 통합적 사고를 촉진시키고 지구의 다양한 측면을 인식할 수 있게합니다. 또한 정체성과 소속감에 대한 통찰력을 주면서 장소와 지역의 성격에 대한 기존 사고를 비판적으로 평가할 수 있는 안목을 갖게 합니다. 이러한 지리의 힘을 하나 하나 살펴보면, 왜 장소의 특성을 연구하는 지리학이 현대 세계에서 중요한 역할을 하게 되었는지 이해할 수 있습니다.

통합적 사고에 필수적인 개념: 장소

오늘날 세계를 통합적으로 보는 접근 방식은 자연과학뿐 아니라 사회과학, 인문학에서 각광 받고 있습니다. 통합적 사고는 서로 다른 요소가 구체적인 상황에서 어떻게 연관되는가에 초점을 맞추는 데에서 시작합니다. 예를 들어, 중위도 지역의 숲에서 발생하는 화재의 양상과 영향을 연구하는 학자에게는 지역에 기초한 통합적 접근이 필수인데, 같은 숲이라도 그곳에 서식하고 있는 나무, 양치류, 지의류, 이끼, 다른 식생의 조합이 완전히 같은 곳은 없습니다. 식생에 영향을 미치는 요소(예: 대기 온도, 강우, 토양 특성, 외생 오염)는 각 장소마다 다르게 결합하며, 이러한 과정을 통해 각 지역마다 다른 생태학적 틈새가 형성되고, 숲에 영향을 미치는 화재나 다양한 교란 요인이 지역에 따라 다르게 작용하기 때문입니다. 이러한 화재의 특성을 추적해온 소방 분야 연구원들은 최근 지리적 맥락에 더 많은 관심을 기울이게 되었습니다. 최근 출범한 학제 간 연구 계획의 핵심 주제는 '소방 연구원들의 경험 속에서 공통점을 찾는 것[3]이며, 개별 장소의 복잡한 상황이 화재에 미치는 영향이 의외로 크다는 점을 밝힌 최근 연구 결과에 기초하고 있습니다.

인간 활동이 식물 군집의 진화에 미치는 영향을 규명한 지리학자의 연구도 이 점을 확인해줍니다. 켄터키대학University of Kentucky의 지리학자 조너선 필립스Jonathan Phillips는 텍사스 중부, 버지니아 남서부, 노스캐롤라이나 동부 등 세 지역을 대상으로 식물 공동체가 방목과 화재 진압(자연 지역에서 불을 끄기 위한 적극적인 노력)에 어떻게 반응하는지를 연구했습니다.[4] 그의 연구는 지역의 특성을 고려하지 않은, 일반적인 지식에 기초한 예측 모델은 실제 일어나는 상황을 제대로 포착할 수 없다는 점을 잘 보여줍니다. "장소가 중요하다"고 강조하는 그의 통찰에는 깊은 울림이 있습니다. 인과관계를 성급하게 설정하고 모든 일이 결정되어 있고 예측이 가능하다고 단순하게 가정하는 대신, 서로 다른 지리적 환경에서 수집한 데이터를 활용해 확률에 기초한 예측 모델을 만들고, 다양한 지역 사례를 통합해 일반화하는 접근이 훨씬 더 유용하다는 점을 시사하기 때문입니다. 중위도 지역의 화재를 사례로 설명해보면, 중위도 침엽수림에서 발생한 일반적인 화재를 가정해 그 영향을 모델링하는 것보다 중위도 침엽수림 지역의 특정한 장소와 조건에서 화재가 발생했을 때의 결과를 시뮬레이션하는 방식으로 접근하는 것이 더 유리합니다.

인문·사회과학 분야에서도 장소는 통합적 사고를 위한 강력한 플랫폼 역할을 합니다. 19세기에 영국 전역으로 확대된 산업자본주의는 여성의 사회적 관계와 활동 패턴에 어떤 영향을 미쳤을까요? 린다 맥도웰Linda McDowell과 도린 매시Doreen Massey는 이 질문을 지리적 관점에서 살펴보았습니다. 두 지리학자는 영국 잉글랜드 동부의 습지대Fenlands와 잉글랜드 북동부 지역의 면직물 도시를 비교하는 연구[5]를 통해 지역의 특성에 따라 달라지는 경제 구조, 공동체의 성격과 사회적 규범이 여성의 역할 변화와 맞물려 전혀 다른 결과를 낳았다는 결론을 내렸습니다. 자연지리학 분야와 마찬가지로 장소 간 차이를 관찰하는 연구를 통해 우리는 광범위한 일반화의 한계를 깨닫고 현장에서 발생하는 다양한 상황의 원인을 파악하고 구분할 수 있습니다.

앞에서 언급한 사례들은 장소에 초점을 맞춰 통합적으로 접근하는 지리학 연구가 공간에 걸친 변화(앞 장에서 다룬 주제)를 깊게 이해하는 데 어떤 역할을 하는지 잘 보여줍니다. 이제는 지리학계뿐 아니라 다른 학문 분야에서도 장소의 특성이 미치는 영향을 집중 연구함으로써 현상을 좀 더 정확하게 파악하고 문제 해결을 위한 통찰력을 높일 수 있게 되었습니다. 전 세계 어획량의 절반을 차지하는 소규모 어업은 경제 발전이 지체된 지역에서 특히 중요한 산업입니다. 하지만 많은 지역에서 대규모로 이루어지는 기업적 어업이 성행하며 어자원이 급속하게 감소하면서 소규모 어업으로 생계를 유지하는 어민의 삶은 위협을 받았습니다. 그동안 소규모 어업의 지속 가능성을 높이기 위한 노력은 지나치게 많은 어류를 잡는 문제(남획 문제)를 해결하는 데 집중되었습니다.

물론 어획량을 제한하는 일도 중요하지만, 소규모 어업의 지속 가능성을 유지하는 문제는 간단치 않습니다. 바다를 건강하게 지키려면 바다에서 살아가는 물고기를 보호하는 것 이상으로 나아가야 하며, 해양 생태계 파괴는 플라스틱 폐기물 증가와 산호초 폐사로 사지Dead zone(생물이 거의 없거나 아예 존재하지 않는 지역)가 확대되는 현상과 밀접하게 연관되어 있기 때문입니다. 어촌 공동체가 무너지면 빈곤, 질병, 위험한 노동 환경, 청년 실업에도 악영향을 미칩니다. 소규모 어업의 중요성을 인식한 UN식량농업기구는 해양자원 관리 문제를 넘어 인권, 문화적 다양성 존중, 경제 문제, 성평등 측면까지 포함한 〈소규모 어업을 안정적으로 유지시키기 위한 자발적 가이드라인〉[6]을 공표했습니다. 이 가이드라인의 핵심은 소규모 어업이 지속되려면 각 지역의 상황(장소의 특성)에 초점을 맞춘 종합적이고 통합적인 접근법이 필수라는 것입니다.

　장소가 중요하다는 메시지는 미국 국립과학원, 공학원, 의학원에서 발표한 최신 보고서 〈지역사회 활동: 보건 분야의 형평성을 높이는 방안〉[7]에도 반복적으로 등장합니다. 이들 보고서에서는 보건의 형평성을 효과적으로 제고하려면 물리적 환경, 소득수준, 보건 서비스, 고용, 주거, 교통 및 교육 등의 분야에서 개별 장소의 특성과 그 영향력을 고려하고 지역사회가 주도하는 방식으로 접근해야 한다는 개념에 입각한 모델을 제시합니다. '아마존 서드 웨이 이니셔티브Amazon Third Way Initiative' 역시 아마존 지역의 생태적·사회적·기술적·경제적 특성이 지역에 어떤 영향을 주고받는지에 주목하는 통합적 개발 접근법을 목표로 제시하고 있습니다.[8]

　그 밖의 다양한 사례를 통해 통합적 접근의 중요성을 확인할 수 있는데, 실제로 부분적인 주제나 개별 현상에만 주목하면 우리는 주변 환경의 복잡성을 이해할 수 없습니다. 문제를 해결하는 데 통합적 접근은 필수이며, 특히 '장소'라는 개념은 통합적 사고력을 배양하는 인큐베이터가 됩니다. 장소의 특성을 정확하게 파악하려면 시간의 흐름에 따른 환경적·사회적·경제적·정치적·문화적 변화와 그 원인을 종합적으로 고려해야 합니다. 지리적 사고력을 적용한 지식의 확장은 21세기 학계의 약점인

초超-전문화 추세를 완화하고 균형을 잡아줍니다.

호기심을 자극하는 학문, 지리학

왜 우리 인류의 조상은 원래 살던 아프리카를 넘어 전 지구로 나아가고 땅을 정복했을까요? 비록 대부분은 이동할 수 있는 자원도 부족하고 스트레스에 유연하게 대응하지 못했지만, 그중 일부는 이주를 경제적 성과를 높이는 동기로 활용했습니다. 또 제한된 상황에서 발생한 현상이기는 하지만, 갈등과 억압에서 벗어나기 위해 노력하는 과정에서 이주가 촉진되기도 했습니다. 특히 호기심이 아주 중요했는데, 어떤 문제든 해답을 찾으려면 우선 알고 싶고 궁금한 것이 있어야겠죠. 실제로 호기심이 많은 사람만이 항상 다음 산 너머, 다음 물줄기 너머, 다음 숲 너머의 공간을 탐색하고 때때로 이주를 단행하기도 했을 테니까요.

지금도 나와 다른 곳에서 살아가는 사람의 풍습, 생활양식, 풍경 등에 대해 궁금하게 만드는 것은 역시 호기심입니다. 이국적인 특성의 멀리 있는 장소를 매력적으로 소개하는 인쇄물과 영상 매체가 인기를 끌고, 최근 수십 년간 여행 산업이 호황을 누린 이유를 설명할 때 호기심이라는 인간의 본능이 중요해집니다. 그러나 낯선 곳에 대한 호기심이 많다고 해서 지리적 통찰력이 바로 길러지는 것은 아닙니다. 조사를 해야 지리적 이해를 심화하고, 우리의 인식을 더 깊고 넓은 세계로 확장할 수 있습니다. 하지만 많은 관광객은 호텔, 리조트, 레스토랑과 가이드북에 소개된 주요 관광지만 방문할 뿐, 그 외의 장소를 적극적으로 찾아가거나 낯선 곳을 모험할 생각을 하지 못합니다. 그 결과 관광객이 이미 많이 다녀간 곳을 그냥 따라가려는 사람이 대부분이고, 새로운 곳을 먼저 찾아가 지역 정보를 적극적으로 수집하고 사실을 발견하고자 하는 의지를 가진 사람은 찾기 힘듭니다. 그리고 출신 지역과 비슷하거나 익숙한 공간을 우선시하는 경향도 있습니다. 기술의 발전으로 넓은 지역을 연구할 기회도 늘어났지만, 많은 사람이 실내에 머물며 근시안적 연구만 수행하게 되면서 실제 주변의 자연·인문 환경을 인식하고 해석하는 능력도 저하되었습니다(이 내용은 5장에서 다룹니다). 세계화로 인해 지구적 차원에서 상호작용이 촉진되기도 했지만, 분노 또한 세계화되었습니다. 또한 외국의 특정 지역에 대한 부정적인 고정관념이 강화되기도 했습니다.

이러한 상황에서 지리적 호기심을 기르는 교육의 가치는 분명합니다. 장소가 갖는 풍부한 의미와 지리적 상상력을 자극하는 설명은 각 장소(지역)를 다양한 측면과 맥락에서 이해하도록 유도합니다. 전문적인 지리학자뿐만 아니라 언론인, 소설가, 여행 작가, 영화제작자 등 다양한 분야의 사람들은 지리적 상상력을 발휘해 다양한 스토리를 만들어왔습니다. 우리는 바버라 킹솔버Barbara Kingsolver, 제임스 미치너James Michener, 조지 오웰George Orwell 등 유명한 소설가의 작품을 읽음으로써 장소의 본질과 장소 간의 상호 연관성을 보다 깊이 있게 이해하게 됩니다. 배리 로페즈Barry Lopez, 찰스 만Charles Mann, 존 맥피John McPhee, 앤드리아 울프Andrea Wulf 등 논픽션 작가는 예민한 지리적 감각을 발휘해 인간과 환경 간의 역동적 관계를 설명함으로써 과거와 현재를 이해하는 데 도움을 줍니다. 또한 평론가는 거리가 먼 지역을 피상적으로 설명하며 오해와 편견을 만들던 기존 관행을 극복하고 새로운 관점에서 지역을 소개합니다(기존의 서술 관행은 왜 우리가 이미 익숙한 장소라도 지리적으로 재조명하고 공간 분석을 실행해야 하는지 그 이유를 설명해줍니다).

마지막으로 지리적 호기심의 장점은 사람의 시야와 이해의 폭을 넓힐 수 있습니다. 일반적인 고정관념에 매몰된 외부자의 시선으로 보면 사하라사막 이남 아프리카는 열대우림기후, 빈곤, 질병, 부족주의가 우세한 적당한 크기의 동질 지역*으로 인식됩니다. 그러나 이 지역을 지리적 렌즈를 통해 자세히 보면 콩고 분지의 열대우림부터

• 언어, 기후 등 동일한 특성이 나타나는 영역을 설명하는 지리적 범위. 앞에서 설명한 기능 지역과 구별된다. - 역자

나미비아 사막을 거쳐 동아프리카의 사바나, 케이프의 지
중해성기후 지역에 이르기까지 다양한 기후대가 나타납
니다. 문화적·민족적으로는 서아프리카 내륙의 외딴 마
을부터 탄자니아의 다르에스살람, 가나의 아크라에서 남
아프리카공화국의 요하네스버그처럼 활기차고 현대적인
대도시까지, 소말리아의 이슬람 아프로아시아어 구사자
부터 앙골라 서부의 기독교 반투어 사용자, 남수단의 전
통적인 토착 종교를 믿는 닐로사하라어 사용자까지 엄청
난 다양성을 보입니다.

〈그림 3_2〉은 메르카토르 도법을 적용한 많은 세계지
도에서 지나치게 축소되었던 아프리카 대륙의 실제 크기
를 효과적으로 보여줍니다. 아프리카 대륙의 면적은 중
국, 인도, 미국 면적에 서유럽 전체의 면적을 합친 것보다
더 큽니다. 이 지도를 처음 보고 놀라는 사람이 많다는 사
실은 장소와 지역의 지리적 특성을 정확히 알지 못하는
지리 문맹이 많은 현실을 적나라하게 드러냅니다.

좀 더 작은 규모에서 보면 산, 계곡, 섬, 도시, 마을, 이웃
에 대한 지리적 묘사와 설명은 지구에 대한 호기심을 불
러일으키고 다양성에 대한 이해를 심화할 수 있다는 점에
서 잠재력이 큽니다. 지리적 호기심은 세상을 보는 시야
를 넓히고 장소 간의 유사점과 차이점을 생각해보게 함으
로써 이해의 범위를 확장시켜 줍니다. 예를 들어, 네팔과

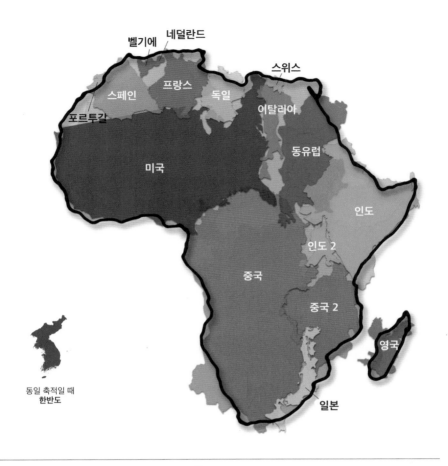

벨기에
네덜란드
스위스
프랑스
스페인
독일
이탈리아
포르투갈
동유럽
미국
인도
인도 2
중국
중국 2
영국
동일 축적일 때
한반도
일본

3_2 📍 아프리카의 광대한 면적을 상징적으로 보여주는 지도

아프리카에는 현재 54개의 국가가 있으며, 3000만 제곱킬로미터에 달하는 대륙으로 대한민국의 300배에 달한다. - 역자

르완다 등과 같은 저개발 국가가 소득 수준이 높거나 경제가 발전한 나라보다 더 나은 건강 상태(낮은 유아 사망률, 긴 평균수명)를 보이는 이유는 무엇인지, 강수량 감소가 어떤 도시에서는 도시의 확장과 관련이 있지만 어떤 도시에서는 그렇지 않은 이유가 무엇인지, 도로망을 확장하겠다는 결정이 미국의 실리콘밸리에서는 상당한 농지 손실을 초래했지만 인도의 벵갈루루 주변에서는 그렇지 않았던 이유는 무엇인지[9] 등은 모두 지리적 호기심에서 비롯된 질문이자 지리학의 연구 주제입니다.

물론 이러한 지리적 질문에 쉬운 답변은 없습니다. 연구자들 각자가 다른 생각에 기초해 연구 문제를 설정하고 서로 다른 이론적 관점을 적용할 경우 다른 결론에 이르기도 합니다. 그러나 문제를 제대로 제기하는 것만으로도 심오한 통찰력을 얻을 수 있습니다. 예를 들어, 네팔과 르완다에서 어떤 제도적 요인으로 건강관리가 잘되고 보건 수준이 향상되었는지를 파악하거나, 무분별한 도시 팽창과 강우량 분포 사이에 직접적인 인과관계가 있다는 가설을 반박하거나, 캘리포니아 중심부와 인도 남부 지역 도시 주변 지역 간에 어떤 차이가 존재하고 어떤 요인에 주목할 것인가 등입니다. 장소 간의 유사성과 차이점에 대한 호기심은 더 광범위한 질문을 촉진시키는 잠재력을 가지고 있습니다. 지리학의 역할은 이처럼 장소에 초점을

맞추는 사고를 장려하면서 학문의 중요성을 다시 상기시
켜 줍니다.

장소와 지역에 대한 인간의 애착

사람은 단순한 이유로 장소에 머물거나 방문하지 않습니
다. 사람들은 장소에 기반해 자신이 하는 일에 의미를 부
여하고, 세상을 보는 관점을 갖고, 심지어 자신의 정체성
에도 영향을 미치는 데까지 나아갑니다. 대부분의 사람은
지리적 요소를 통해 자신을 정의합니다. 예를 들면, 나는
영국인이자 잉글랜드 사람이고 런던 주민이라고 소개하
는 방식입니다. 나아가 대부분의 사람은 자신이 일하거나
거주하는 장소, 방문지를 편협하고 기계적인 방식으로 인
식하기보다는 오히려 구체적인 상황에 바탕을 두면서 감
성적이고 직관적인 '장소감'을 개발하죠. 프랑스 파리는
도시의 매력을 유지하고 환경을 보존하기 위해 토지 이용
규제를 시행했습니다. 또한 건물의 높이를 제한하고 19세
기 건물 스타일을 유지하도록 하는 조치도 내렸습니다.
　어떤 지역에서는 주민의 (보통 제대로 조사되지 않는) 지
리적 감수성에 부합하는 공간을 조성할 목적으로 주택 단
지 개발 계획을 수립하기도 합니다. 한편 장소감은 강력

한 힘을 갖습니다. 문학, 음악, 영화, 예술 작품의 창작 욕구를 자극하고, 심지어 이동하는 장소(또는 이동 여부), 장소 이동 계획, 개발 계획(이니셔티브)을 지원하거나 반대하는 결정, 개인 또는 기관이 직접 통제하는 지역, 공원, 건물 등 공간의 특성을 좌우하는 개인적 의사결정에도 영향을 미칩니다.

　장소의 본질을 제대로 파악하기 위해서는 장소의 명백한 특성뿐만 아니라 사람이 장소를 생각하고 경험하는 방식도 함께 고려해야 합니다. 토론토대학의 지리학자 에드워드 렐프Edward Relph는 1976년《장소와 장소상실Place and Placelessness》[10]라는 저명한 연구를 통해 북미의 도시와 주변 지역에서 비슷하게 일어나는 변화한 상업 중심지의 확산 양상을 살펴보았습니다. 렐프는 이런 '무장소적無籍地 경관'(어디서나 볼 수 있을 뿐 아니라 현상이 발생한 곳의 개별적인 특성을 무시하기 때문에 무적지라고 했습니다)이라고 표현하면서, 어디에나 존재해 장소의 고유한 특성이 드러나지 않는 평범한 도시 개발이 거주자의 지리적·역사적 감성을 담은 풍경을 대체할 때 어떤 일이 발생할지 생각해보라고 촉구합니다. 렐프는 무장소성을 띠는 곳이 늘어나면 지구의 풍부한 다양성이 감소할 뿐 아니라 자신이 살아가는 장소에 대한 사람의 애정과 헌신도 약화될 수 있다고 경고합니다. 만일 자신이 사는 동네에 특별하거나 독특한 장소가 없다면, 동네가 어떻게 변하든 누가 신경이나 쓸까요?

렐프는 장소에 있는 감성적 측면과 심리적 차원에 주목함으로써 현대 세계에서 지리의 힘을 재조명합니다. 개발자들이 물이 부족한 사막 도시 주변의 광활한 교외 지역에 물을 잔뜩 먹는 잔디밭이 딸린 단독주택을 대규모로 건축하게 된 계기는 무엇일까요? 님비주의NIMBYism('내 뒷마당에 있으면 안 된다'는 태도입니다)가 어떤 도시에서 문제가 되는 염가 주택 부족 현상이나 환경 파괴에 취약한 지역에 폐기물처리장을 입지시키는 의사결정에 어떤 영향을 끼칠 수 있을까요? 이러한 문제를 해결하려면 장소에 대한 주민의 생각과 감정을 진지하게 검토하고 인정하는 단계가 선행되어야 합니다.

규모를 좀 더 확대해본다면, 현대사회에서 정체성 형성 과정에 국가는 막강한 영향력을 행사합니다. 1947년 영국이 인도를 힌두 국가와 이슬람 국가(각각 인도와 파키스탄)로 분할함으로써 지금까지도 인도는 지정학적·경제적·사회적 차이에 따라 지역사회가 분열되고 민족주의에 입각한 대립이 격화되었습니다. 최근 수십 년간 격렬했던 충돌 대부분은 지리에 기반한, 즉 중복되거나 충돌하는 정체성 때문에 발생했습니다. 예를 들면, 이스라엘과 팔레스타인, 우크라이나 동부, 체첸, 스리랑카, 수단, 이란과 이라크 분쟁, 그 외 셀 수 없이 벌어진 여러 충돌이 이에 해당합니다.

장소를 정체성의 관점에서 접근하는 것은 우리가 '민족국가nation-states'에서 살고 있다는 맹목적인 믿음을 의심하는 것에서 시작합니다. '민족nation'이라는 단어는 영어에서 혼란스러운 단어 중 하나입니다. 왜냐하면 이 단어는 양립할 수 없는, 여러 의미를 포함하기 때문입니다. 민족이 때로는 독립 국가(인도네시아, UN)와 동의어로 사용되기도 하지만 때로는 원주민 공동체의 집합(퍼스트네이션First Nations)을 표현하기도 하고, 때로는 독립을 쟁취하고 새로운 국가를 만드는 데 기반이 되는 실질적 민족 공동체(쿠르드족 또는 팔레스타인령 등)를 묘사하는 데 사용되기도 하니까요.

'민족국가'라는 개념은 각자 별개의 영역에서 각자가 처한 상황을 관리하고 통제하고 역사와 문화, 나아가 정체성에 대한 상식을 공유하는 사람들이라는 어원에 뿌리를 둡니다. 18세기 후반에 일어난 프랑스대혁명은 세계의 다양한 문화-역사를 보유한 민족(즉, 용어의 원래 뜻은 세계 국가)에게 자신만의 국가를 세워야 한다는 생각을 부추겼습니다. 프랑스라는 국가는 프랑스 국민에 의해 수립되었고, 19세기와 20세기 초 다른 유럽 국가들은 민족주의 운동을 통해 형성되었습니다. 독일인을 위한 독일, 이탈리아인을 위한 이탈리아, 루마니아인을 위한 루마니아 등이 사례인데, 지리적 관점에서 이러한 국가명은 정확한 의미의 민족국가와는 거리가 있습니다. 각 국가에서 자신을 프랑스인, 독일인, 루마니아인으로 생각하는 사람들이 배타적으로 영토를 다 차지하지 못한 것은 그 땅에는 오랫동안 여러 다양한 민족이 살아왔기 때문입니다.

민족과 국가 간 관계의 복잡성을 상세히 탐구하는 것은 이 짧은 책의 범위를 넘어섭니다. 하지만 명심할 사항은 '민족국가' 개념이 처음부터 일종의 허구였다는 점입니다. 특히 유럽 열강의 식민 제국이 해체되고 각 국가에서 새로운 정치 지도가 등장하면서 '민족국가' 개념은 더 혼란스러워졌습니다. 세계 정치 지도에 표기된 국명처럼 민족국가로 표시하는 것이 일반적인 관례일 수 있지만, 오늘날 대부분의 국가는 다양한 문화-역사 공동체로 구성되어 있습니다.

'민족국가' 개념과 실제 현실 간의 차이와 그 의미를 제대로 이해하려면 정체성과 정치적으로 조직된 영토(공식 지역)의 관계를 비판적으로 분석하는 지리적 사고가 필수입니다. 지리적 사고력을 적용해 살펴본 '민족국가' 개념에는, 특정 국가에 소속된 시민은 국가 자체를 헌신적인 공동체로 생각할 것이라는 강렬한 희망이 담겨 있습니다. 하지만 이러한 희망은 나이지리아 지도자가 나이지리아

"민족국가"를 대표해 연설할 때처럼 부질없습니다. 실제로 나이지리아에는 300여 개 이상의 민족 집단(하우사족, 요루바족, 이그보족이 최대 규모)이 존재하고, 500개 이상의 다양한 언어가 사용되며, 이슬람을 믿는 북쪽 지역과 기독교를 믿는 남쪽 지역 주민 사이에 깊은 불신과 분열이 계속되고 있습니다.

실제로 우리는 민족국가가 아닌 다민족국가로 이루어진 세계에 살고 있습니다. 겉보기에는 단순해 보이지만 사실은 영토와 관련된 정체성을 비판적으로 사고하는 것은 쉬운 일이 아닙니다. 실제로 매일 쏟아지는 세계 각지의 뉴스는 공간의 정치적 구성과 정체성을 결정하는 특성이 불일치하는 상황을 드러내고, 이는 현대 세계가 직면한 심각한 문제 중 하나이기도 합니다. 우리는 종종 위험을 무시하고 문제의 본질과 중요성을 간과할 때가 많습니다.

장소와 지역에 대한 고정관념 깨기

특정한 공간 구조나 구성 요소(국가, 도시, 교차로, 생물물리학적 지역 등)를 언급하지 않고서는 어떤 주제에 대해 논의하거나 연구하기 어렵습니다. 앞서 2장에서 논의한 바와 같이, 전문가는 사건을 분석하고 문제를 해결하기 위한 틀을 짜는 과정에서 어떤 것은 드러내고 어떤 것은 감춥니다. 따라서 장소가 묘사되고 표현되는 방식에 대해 비판적으로 사고하는 능력은 매우 중요합니다. 어떤 정치인이 중동의 이주민에게 격렬한 비난을 퍼붓거나 어떤 기자가 런던 이스트엔드*나 시카고 사우스사이드의 범죄율을 언급할 때, 그들은 이미 내재된 인종적·민족적 편견을 통해 특정한 장소와 지역에 대한 고정관념을 강화하거나 장려할 수도 있습니다. 따라서 특정한 장소나 지역을 바라보는 시각이 적절하고 유효한지를 늘 비판적으로 성찰해야 하며, 이는 지리학자가 장소와 지역을 분석할 때 늘 조심하는 부분입니다.

어떤 장소를 설명하고 표현하는 방식을 비판적으로 성찰함으로써 우리는 장소의 특성과 의미가 형성되는 과정을 새로운 관점에서 이해할 수 있습니다. 웨스턴시드니대학의 지리학자 케이 앤더슨Kay Anderson은 캐나다 밴쿠버 도심의 '차이나타운'에 대한 대표적인 연구에서 장소에 대한 고정관념이 형성되는 과정을 규명했습니다.[11]

밴쿠버의 차이나타운은 19세기 후반과 20세기 초에 중국인 이민자가 대거 몰려 살면서 형성된 지역입니다. 앤더슨은 인구학적·건축학적 특성뿐 아니라 장소에 초점을 맞춰 차이나타운의 특성과 의미를 탐구하면서 새로운 관점을 제시했습니다. 그녀는 밴쿠버를 지배하는 유럽 혈통

• 19세기 런던의 동부 지역은 보건·치안이 열악한 빈곤 지역이었다. 이런 상황은 현재까지 이어져서 다양한 유색인종이 열악한 환경에서 거주하고 있다. - 역자

의 백인 주민이 바라본 중국인에 대한 편견과, 그들의 공간에 대한 차별적 시선으로 인해 차이나타운이라는 이질적 공간이 형성되고 강화되었다고 봅니다. 즉, 백인의 인종주의적 편견이 중국인 이민자와 그들의 비즈니스를 차이나타운으로 밀어넣었다는 주장입니다. 밴쿠버 주민들이 차이나타운을 비위생적이고 지저분한 지역이라고 선입견을 갖고 멀리하게 되면서, 실제로 밴쿠버에서 차이나타운은 부정적인 장소가 되어가는 악순환에 빠지게 된다는 겁니다. 이런 다양한 요소를 고려해 보다 넓은 시각에서 밴쿠버 차이나타운의 형성 배경을 분석한 앤더슨은 차이나타운이 고국을 떠나 새로운 곳으로 이주한 중국인들이 그저 끼리끼리 모여 살고 싶다는 욕망으로 형성된 중국인의 '발명품'이라는 고정관념에 의문을 제기합니다.

좀 더 큰 규모에서 '이슬람 세계'에 대한 우리의 고정관념을 한번 비판적으로 성찰해봅시다. '이슬람 세계'를 확실한 지정학적 실체로 단정하거나 별 생각 없이 일반명사처럼 사용하기도 하는데, 사실 '이슬람 세계'라는 명칭은 단순히 이슬람이 주요한 종교인 지역을 의미하지는 않습니다. 정확히 표현하자면 지도의 면이 아니라 현존하거나 또는 새롭게 만들어지는 지정학적 노드*로 보아야 합니다. 하버드대학의 정치학자 새뮤얼 헌팅턴Samuel Huntington은 1990년대 '문명의 충돌'과 관련된 영향력 있는 책들을

* 네트워크의 연결 포인트 - 역자

출간해, 세계를 단순하게 보는 고정관념을 확산시켰습니다.[12] 헌팅턴은 20세기의 중요한 지정학적 단층선을 기본적으로는 정치 이데올로기(공산주의/독재 대 자본주의/민주주의)로 나누고, 이러한 단층선이 서구의 유대-기독교 문명과 이에 대항하는 이슬람 세계와 같은 문화적·종교적 특성을 따라 분열되는 중이라는 주장을 펼쳤습니다.

최근 서남아시아와 북아프리카에서 발생한 민족 간의 갈등은 이슬람 세계를 매우 동질적인 지정학적 행위자로 보는 헌팅턴의 관점에 문제가 많다는 점을 드러냈습니다. 하지만 헌팅턴의 주장은 여전히 전 세계적으로 널리 인정받고 있고, 2001년 9월 11일 알카에다al-Qaeda가 감행한 미국 본토 공격으로 그의 영향력은 확실히 입증되었습니다. 이라크의 사담 후세인Saddam Hussein과 알카에다는 원래부터 대립하는 관계였고 이라크는 알카에다와 별 상관이 없음에도 이라크는 미국의 주요한 보복 대상이 되었습니다. 불과 10여 년 전에 이란과 이라크는 서로 8년 동안 유혈 전쟁을 벌인 사이였지만 미국은 터무니없게도 두 국가를 '악의 축'이라고 묶어버렸습니다. 미국이 이라크에 개입한 명분 중 하나는 "스페인부터 인도네시아에 이르는 급진 이슬람 제국"의 수립을 막는 것이었습니다.[13] 미국의 이와 같은 황당한 목표는 사회적·문화적으로 너무나 다양한 국가로 구성된 이 지역에서 통일된 이슬람 제국의 출현이 가능할 정도의 공통점을 갖고 있을 것이라는 엉터리 가정에 기초했습니다.

이와 같은 단순하고 경직된 사고방식은 여전합니다. 준장으로 퇴역한 후 종종 폭스뉴스에 해설자로 출연하는 닉 핼리Nick Halley는 자신이 쓴 도발적인 제목의 책《테러: 대상은 너야! 급진 이슬람과의 전쟁》[14]을 홍보하는 순회강연을 다니며 이슬람 세계가 전 지구의 실존적 위협이 된다는 극단적인 주장을 펼칩니다. 물론 이슬람을 내세워 세계를 정복하겠다는 목표를 세우고 폭력을 정당화는 극단주의자들이 존재한다는 것은 사실입니다(극단주의 이슬람 세력의 숫자가 1억이 넘는다는 핼리의 주장을 믿을 사람은 아무도 없겠지만요). 그러나 이슬람이 주요 종교인 지역에서도 이슬람 극단주의자가 연합 전선을 형성하기 어려울 정도로 온건한 무슬림이 많다는 점도 고려해야 하지 않을까요? 이슬람 세계를 동일한 지정학적 노드라는 관점에서 인식하면 현실을 좀 더 정확하게 이해할 수 있지 않을까 싶습니다. 실제로 이슬람 세계는 칼리프 왕위 계승과 관련된 교리적 차이(시아파-수니파 분리의 근본 원인)뿐 아니라 문화적 관습, 생활 방식, 정치 이데올로기, 민족주의 계보(역사)가 서로 다른 다양한 집단으로 구성되어 있습니다. 매우 단순한 정치적 입장을 넘어 기본적인 지리적 다양성에 기초해 이슬람 세계를 바라보는 것은 서남아시아

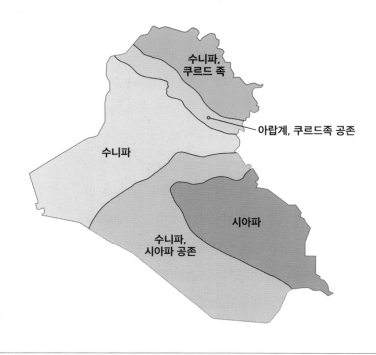

수니파,
쿠르드 족

아랍계, 쿠르드족 공존

수니파

시아파

수니파,
시아파 공존

3_3 📍 이라크의 복잡한 종족, 종교 분포

와 북아프리카의 상황을 파악할 때 우리가 반드시 고려해
야 할 전제 조건입니다.

앞에서 설명한 지역 사례는 극단적이지만, 지역에 대한
비판적 성찰(메타 지리적 성찰)만이 우리가 갖고 있던 기존
의 선입견을 드러내고 특정 지역에 대한 고정관념을 극복
할 수 있게 합니다. 멕시코의 모든 지역은 위험하고, 사하

라 이남 아프리카는 질병에 시달리고, 캐나다 북부는 청
정하고, 디트로이트 도심은 폭력이 난무한다는 것은 모두
고정관념에 불과합니다. 즉, 장소에 대한 비판적인 지리적
사고는 지구상 다른 지역을 표현하는, 무시되거나 의도적
인 조작을 막는 최선의 방어선입니다.

결론

2007년 린다 로바오Linda Lobao와 동료 두 명은 불평등과
관련된 사회학적 연구가 국가 규모에만 편중되어 있으며,
국가를 구성하는 개별 지역의 구체적인 상황에 대해서는
무관심하고 제대로 주의도 기울이지 않는다고 비판했습
니다.[15] 지리학의 핵심 주제 중 하나인 장소에 기반해 장
소가 미치는 여러 영향을 파악해야 한다는 그들의 입장은
다양한 분야에서 활용이 가능합니다. 어떤 사건의 배경이
되는 장소는 그 사건 발생에 영향을 미칠 수밖에 없습니
다. 기업 투자 유치를 위해 세금 감면 혜택을 제공해 경제
발전을 촉진하려는 노력은 긍정적인 사회경제적 효과를
가져올 수 있지만, 지역사회의 장소적 성격으로 인해 다
른 곳에서는 부정적인 결과를 초래할 수도 있습니다. 즉,

지역사회에서 행해지는 기존 사업과 지역 주민의 고용 상황과 노동 조건을 악화시킬 수도 있습니다. 하천 둑에서 방목하며 기르는 소는 인근 지역의 초목, 토양, 지형, 하천 흐름의 영향을 받습니다. 결국 중요한 것은 지리적 맥락입니다. 우리가 자연환경과 인간 사회가 형성되는 과정에서 장소 때문에 나타난 영향력에 좀 더 주목한다면, 지표면 아래 숨겨져 있는 다양성의 본질과 중요성을 더 깊게 이해할 수 있을 것입니다.

4

자연과 사회는 무엇일까?

몇 년 전 저는 동료들과 독일어를 사용하는 유럽 지역에 초점을 맞춘 학제 간 프로그램 개설을 위한 논의에 참여한 적이 있었습니다. 교육과정을 구성하는 내용으로 독일어와 문학, 역사, 경제, 정치, 철학, 음악 등의 분야에서 여러 훌륭한 제안이 있었지만, 자연환경, 토지 이용, 생태학에 대해서는 아무도 언급하지 않았습니다. 다행히 지리학자로서 저의 제안은 환영받았고 프로그램에 바로 반영되었지만, 저는 고등교육을 받은 지성인 집단조차 지역을 연구할 때 자연환경과 인간과의 관계를 전혀 고려하지 않는다는 점이 놀라웠습니다.

최근 인간이 환경 변화에 미치는 영향에 대해 관심이 높아지고는 있지만, 인간과 자연환경을 별개로 보는 경향은 여전합니다(태풍과 같은 극단적인 경우를 제외하면 폭풍우

조차 조금 불편한 현상 정도로 인식될 뿐입니다). 현대 도시 생활에서 기반 시설은 자연과 인간을 분리시킬 때가 많고, 자연은 생존의 필수 요소라기보다는 가끔 도시 밖으로 나가 경험해야 하는 것으로 인식됩니다. 거의 모든 대학은 과학, 사회과학, 인문학으로 구분되는 별개의 행정 조직을 보유하고, 연구 및 교육에서 각기 다른 규정과 조직에 의해 운영됩니다. 초등·중등학교에서 수학여행은 이전보다 줄어들었고, 교실은 점점 더 외부 세계와 격리되고 있습니다. BBC 라디오 프로듀서이자 작가인 팀 디Tim Dee는 몇 년 전 〈뉴욕타임스〉를 통해 "학생들이 야외 활동을 통해 발견하고 자연에서 가져온 물건을 전시하고 토론하는 자연의 탁자nature table를 요즘 학교에서는 환영하지 않는다. 더럽고 위험할 뿐 아니라 불법적인 것으로 취급하기도 한다"[1]며 안타까워합니다.

이러한 상황에서 긴급한 환경문제를 논하는 자리를 제외하면 사회와 자연 간의 상호작용에 주목하는 경우는 거의 없습니다. 하지만 지리적 사고를 적용하면 상황은 달라질 수 있습니다. 지표면의 다양한 특성을 이해하려고 노력하는 과정에서 인간과 자연의 영향에 대한 통찰력을 가질 수 있기 때문이죠. 예를 들어 이탈리아 베네치아라는 장소의 특성을 규명하다보면, 왜 도시가 입지할 만한 위치가 아닌 석호 한가운데 도시가 발달하게 되었는지,

베네치아가 수문학적·지형학적·문화적·사회적·경제적으로 어떻게 그러한 특성을 갖게 되었는지, 앞으로 어떤 환경적 또는 인간적 문제가 나타날 수 있는지를 알 수 있습니다. 나아가 도시의 경관landscapes, 즉 건물, 거리, 운하, 광장, 산책로의 특성과 구조를 책처럼 읽어낼 수 있으면, 베네치아의 과거와 현재 모습을 형성한 요인이 무엇인지 설명할 수 있게 됩니다.

　자연과 사회의 복잡한 관계와 역동성을 규명하는 것이 쉬운 일은 아닙니다. 자연환경과 인간 사회를 연결시켜 종합적으로 설명할 수 있는 이론과 연구방법론을 도출하거나 복잡한 상황을 연구하기 어려웠던 20세기 초반에 일부 지리학자를 포함한 전문가 집단은 환경이 사회적·문화적 현상을 결정한다고 보는 '환경결정론'을 신봉했습니다. 복잡한 현실을 단순화시키고 역사성을 무시할 뿐 아니라 인종차별주의를 강화할 수 있다는 점에서 환경결정론적 사고는 위험합니다. 열대지방 사람은 게으르고 환경의 영향으로 위대한 성취를 할 수 없다는 주장이 대표적 사례입니다. 자연과 사회의 관련성을 깊게 탐구하는 연구자와 지리학자의 노력으로 환경결정론은 힘을 잃고 있지만, 지난 75년간 이뤄진 지리학의 진보를 접하지 못한 사람은 여전히 환경결정론적 사고에 빠져 있습니다(이러한 현실은 왜 우리가 지리학을 중시해야 하는지 보여주는 사례

이기도 합니다).[2]

환경결정론을 거부하는 분위기가 고조되면서 많은 지리학자가 자연환경 또는 인간 사회 둘 중 하나를 집중적으로 연구하기 시작했습니다. 하지만 여전히 장소의 특성을 이해하고 서로 다른 지리적 배열이 초래하는 차이와 지역의 특성에 대해 깊게 탐구하려면 자연과 사회의 오랜 관계를 규명해야 합니다. 지난 수십 년 동안 지리학은 이러한 분야에서 많은 연구 성과를 거두었습니다. 실제로 지리학은 기존 학문 중에서 지표상의 환경과 인간의 상호작용과 관계를 밝히는 전통이 가장 오래된 분야입니다.

확실히 최근에는 인간과 자연환경을 넘나드는 주제를 탐구하는 과학자와 사회과학자가 증가하는 추세입니다. 환경화학자는 인간에 의한 오염이 수질에 미치는 영향을 탐구하고, 산림생태학자는 인간의 행동이 숲의 동식물 다양성에 어떻게 영향을 미치는지 이해하려고 하고, 환경문제에 관심이 많은 법학자는 화석연료 배출량을 줄일 수 있는 규칙과 규정을 설계하는 방법을 찾기도 합니다. 인간-환경의 격차를 줄이기 위해 다양한 노력을 기울이는 과정에서 지리적 조사는 중요합니다. 지리학은 장소와 생태계에 대한 통합적 사고를 장려할 뿐 아니라 자연-사회 간 상호작용으로 나타나는 공간의 특징과 물질적 기초를 깊게 이해하는 데 도움이 되는 관점과 기술을 제공하기 때문입니다.

인간과 환경의 역동적인 관계를 규명하는 과정에서 지리학은 세 가지의 핵심적인 접근 방식이 가능합니다. 세 가지 접근은 서로 겹치기도 하지만 다음과 같은 특성이 있습니다. 첫 번째 접근 방식은 2장에서 논의한 지리학의 공간 전통에 기초한 자연-인간의 관계에 주목하고 그와 관련된 분포 및 패턴을 파악하는 통찰력을 발휘하는 것입니다. 두 번째 접근은 3장에서 설명한 것처럼 자연과 인간의 상호작용에 영향을 미치는 장소의 성격이나 특정한 환경을 규명하는 방식입니다. 세 번째 방식은 자연과 사회의 상호 연관성 속에서 지리적 특성이 어떻게 작동하는지, 인간-자연의 변화가 다른 장소에 어떤 영향을 끼치는지 연계성을 파악하는 방식인데, 문제를 포착하고 해결해 나가는 과정에서 공간과 규모가 어떻게 작용하는지도 알아야 합니다.

분포와 패턴의 연구하는 방법

남아프리카공화국과 몽골의 극심한 가뭄, 몰디브의 늪지대, 전 세계의 기록적인 기상 이변, 극지방의 빙하가 빠르게 녹는 상황에서 기후변화가 지표면에 미치는 영향을 파악하는 것은 우리 시대의 중요한 과제입니다. 홍수, 가뭄, 극단적인 온도의 위협이 큰 지역을 파악하려면 기후 시스템에 대한 이해를 바탕으로 기후변화에 어느 정도 취약한지를 보여주는 지도가 필수입니다. 그러나 기후변화의 취약성은 지표면의 단순한 자연환경 변화로 설명할 수 없기에 지도상의 분포와 패턴을 지리적으로 분석함으로써 얻을 수 있는 결과는 피상적일 수밖에 없습니다. 자연환경뿐 아니라 인간 사회의 특성 및 관련 기관 역시 중요한 변수로 고려되어야 합니다.

이러한 상황에서 지리학에서 공간적 다양성을 중시해야 할 이유는 분명합니다. 실제로 어떤 곳은 다른 곳보다 기후변화에 대처하는 데 훨씬 더 유리한데, 선진국은 회복력이 높고 유연하고 다각화된 경제구조를 보유해 스트레스에 잘 대처할 수 있을 뿐 아니라 효율적인 행정이 가능한 정부와 인프라를 이미 갖추고 있습니다. 기후변화와 관련되어 다양한 장소에서 나타나는 취약성을 이해하려면 이러한 요소들을 종합적으로 고려하는 것이 중요합니다. 오슬로대학의 지리학 교수인 카렌 오브라이언Karen O'Brien과 럿거스대학의 로빈 라이첸코Robin Leichenko를 비롯한 연구진이 인도에서 다양한 농업 공동체가 기후변화에 대응하는 과정에서 보이는 취약성을 밝힌 연구가 대표적 사례입니다.[3] 그들은 생물물리학적·경제적·사회적·

기술적 요인의 분포를 조사한 후 이러한 요인이 취약성의 패턴에 어떤 영향을 미치고 있는지를 종합적으로 보여주는 지도(그림 4_1)를 제작했습니다. 이 지도는 신자유주의로 인해 급증하고 있는 수출용 대규모 단일 작물 재배 농업의 취약성과 부정적인 영향과는 대조적으로, 다양한 조건에서 여러 가지 작물을 재배하는 소규모 농업이 갖는 우위를 잘 보여줍니다. 또한 수출용 작물을 재배하기 때문에 생기는 다른 생산지역과의 국제적 경쟁이 심화되는 '이중 노출(부담)' 문제도 함께 드러내고 있습니다.

이렇게 분석을 통해 분포와 패턴을 파악하는 과정에서 지리학의 장점이 잘 드러납니다. 생물 다양성과 생태계에 위협이 되는 요인은 뚜렷한 공간 패턴을 보입니다. 예를 들어, 오염물질의 확산을 공간적으로 분석하는 작업은 이들이 자연과 생태계에 끼치는 영향을 이해하는 데 필수적입니다. 또한 지도화 작업을 통해 데이터를 분석하면 가뭄과 굶주림에 취약한 지역을 예측하고, 범람의 원인을 파악하며, 산림을 관리하는 방식의 영향을 평가하는 데 도움이 됩니다. 지도에 식생 분포가 변화하는 양상을 표시하면 기후변화, 임업 관행, 제초제 사용이 식생에 어떤 영향을 미치고 있는지에 대한 통찰력을 얻을 수 있습니다.

그러나 지도화가 최종 목표는 아닙니다. 분포와 패턴에

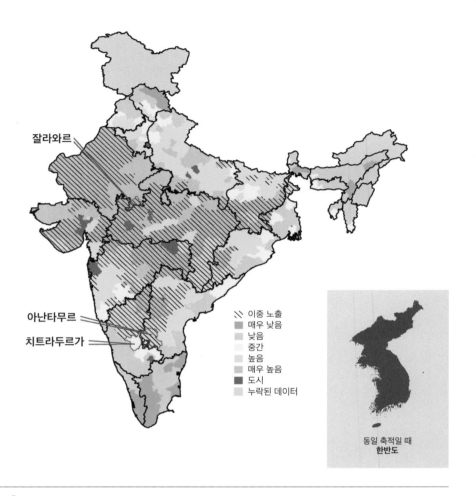

잘라와르

아난타무르

치트라두르가

이중 노출
매우 낮음
낮음
중간
높음
매우 높음
도시
누락된 데이터

동일 축적일 때
한반도

4_1 📍 **인도 농촌 공동체의 기후변화에 대한 취약성**

관한 연구의 가치를 높이려면 무엇을 지도에 표시하고 어떤 현상을 지도화해야 할지 신중하게 결정해야 하고, 각 요인과의 상관관계를 이해하고 해석하는 과정에서 창의적 사고력이 필요합니다. 지리학적 훈련은 단순히 지도를 만드는 소프트웨어에 익숙해지는 것을 넘어 패턴과 분포의 이해를 위해 좋은 질문을 던지는 능력을 배울 수 있고, 이는 우리가 지리학을 공부해야 하는 이유입니다. 지리적 질문을 통해 우리는 문제 해결(예: 야생동물 이동에 미치는 영향을 최소화하기 위한 도로 건설 방법)을 위한 통찰력을 얻고 그동안 학계에서 간과된 인간과 환경과의 상호 관련성 탐구를 촉진할 수 있습니다.

　이러한 공간에 기초한 조사를 통해 학자와 활동가는 환경 위협이 취약한 지역사회가 어디인지를 한눈에 파악하고 문제 해결을 위한 정책을 수립하고 실행하는 데 집중할 수 있습니다. 환경문제의 심각성을 인식한 전문가는 지리적 본능에 따라 '환경 정의environmental justice' 운동을 전개하기도 합니다. 이러한 캠페인은 인종차별주의 또는 계급주의적인 태도와 관행으로 나타나는 불평등과, 지역마다 달라지는 환경적 이익과 부담의 격차를 해소하려는 움직임과도 연계될 수 있습니다.[4] 실제로 지도화 작업을 거쳐 공간에 기초한 평가를 수행함으로써 소외되고 차별받는 지역이 드러나고 낙후 지역의 환경문제에 집중할 수 있게 됩니다. 현재 많은 대학에서 '환경 정의'는 지리학과 교육과정에서 주요한 과목이기도 합니다.

지리적 패턴 및 분포에 대한 연구는 인간-환경의 관계를 규명하는 과정에서 유용성을 인정받으면서 미국의 토지변화과학 프로그램 등에서 다른 학문에 비해 우대를 받았습니다.[5] 미국의 지질조사 웹사이트는 다음과 같이 설명합니다.

> 지표면은 다양한 자연 및 문화 경관으로 이루어진 모자이크이다. 각각의 조각은 비교적 깨끗한 자연의 생태계에서 인간이 지배하는 도시와 경제개발 지역에 이르는 다양한 요소로 구성되며 상호 연결된 스펙트럼을 형성한다. 이러한 모자이크는 변화가 없는 정적인 상태에 머물지 않고 자연현상과 인간 활동으로 인해 계속 변화하고 움직이는데, 이러한 변화의 양상과 그 영향을 제대로 파악하기 위해 '토지변화과학Land Change Science'이라는 새로운 연구 분야가 등장했다.[6]

지리학자가 그동안 '토지변화과학' 분야에서 주도적인 역할을 수행해왔다는 것은 패턴과 분포의 지리적 분석이 자연과 사회의 관계를 이해하는 데 핵심적인 요소임을 입증하는 대표적인 사례라고 할 수 있습니다.

장소가 인간에게 미치는 영향 - 환경 상호작용

지난 세기 과학과 기술 등에서 혁신은 배터리에 에너지를 저장하는 방법, 인간 게놈 배열 방법 등 특정한 연구 주제에 몰두한 전문가를 통해 이루어졌습니다. 하지만 전문화의 한계도 분명한데, 복잡한 인간과 환경의 문제를 해결하는 데에는 더욱더 종합적인 사고력이 요구되기 때문입니다. 지리적 맥락의 중요성과 장소의 특성에 주목하면 종합적인 사고력을 기를 수 있습니다.

길버트 화이트Gilbert White의 미국 범람원과 그 주변의 인간 정착에 대한 연구가 선구자적인 사례입니다.[7] 20세기 초 수십 년간 범람원*관리는 주로 토목 분야에서 이루어졌고 더 많은 사람이 범람원에 정착할 수 있도록 댐과 제방이 건설되었습니다. 하지만 화이트는 범람원 관리에 대하여 단지 기술적인 측면에서 접근하지 않고, 지리적 사고력을 적용해 범람원을 수용과 적응에 초점을 맞춰야 하는 복잡한 시스템으로 인식했습니다. 범람에 취약한 지역에는 주민이 정착하지 못하게 하는 정책을 지지하며 인간과 자연환경 사이의 균형에 초점을 맞춰야 한다는 주장을 펼쳤습니다. 그는 오늘날 지리학 내에서 새로운 학문 분야로 급부상하고 있는 자연재해 지리학hazard geography 분야를 개척했는데, 허리케인 카트리나로 심각한 피해를

* 하천이 홍수로 범람하여 만들어지는 평야 지형. - 역자

입은 뉴올리언스의 사례는 범람원 관리에 대한 화이트의 지혜가 옳았음을 입증해주는 사례입니다. 하지만 안타깝게도 화이트의 접근 방식이 갖는 장점과 재해가 주는 교훈은 잊히는 경우가 많습니다.

화이트가 강조하는 총체적 지리적 사고를 적용하면 자연-사회 간 역동적 관계를 규명할 수 있습니다. 이스트앵글리아대학의 지리학자 피어스 블라이키Piers Blaikie는 1980년대 초 개발도상국의 토양침식 문제를 연구하면서 잘못된 관리, 인구과잉, 또는 생태 환경 변화 때문에 토양 손실이 발생한다는 당시의 지배적인 해석에 의문을 제기하기 시작했습니다. 네팔에서 사례 연구를 수행한 블라이키는 지리적 관점을 통해 토양 문제를 악화시키는 요인을 추가로 발견했는데, 심각한 토양침식이 예상되는데도 경제적·정치적 압력에 처한 가난한 농부들이 어쩔 수 없이 가파른 경사의 경작지에서 농사를 짓는 상황을 파악한 것입니다.[8] 블라이키의 연구는 정치생태학이라는 새로운 분야를 발전시키는 촉매제 역할을 했고, 그 주제에 관심을 가진 연구자에게 정치경제적 협력의 지역적 양상이 어떤 생태학적 결과를 낳는지 탐구하도록 이끌었습니다.

지난 30년간 인간과 환경의 관계를 탐구하는 연구에서 지리적 맥락을 중시하는 경향이 두드러지고 있습니다. 애리조나대학의 지리학자 다이애나 리버먼Diana Liverman

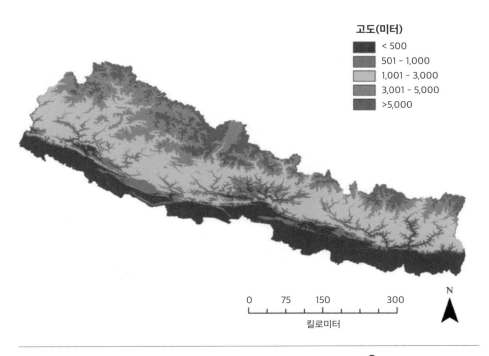

고도(미터)
■ < 500
■ 501 - 1,000
□ 1,001 - 3,000
■ 3,001 - 5,000
■ >5,000

0   75   150   300
킬로미터

N

4_2 📍 **네팔의 생태 환경 지도**

의 연구는 멕시코 소노라와 푸에블라의 가뭄에 대처하는 농부들의 투쟁에서 지역 조건이 얼마나 중요한지 보여주는 사례입니다.[9] 일부 지역의 농업 생산량이 다른 지역보다 적은 핵심 요인은 강수량 부족이 아니라는 점을 밝힌 그는, 농민이 관개 기술에 접근할 수 없는 상황 또는 토지 사용법 및 토지 이용 관련 의사결정 과정에서 농민을 소외하는 토지 계약 방식 때문이라고 연구 결과를 발표했습

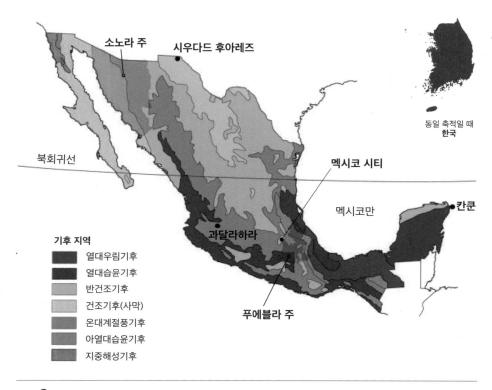

소노라 주

시우다드 후아레즈

동일 축적일 때
한국

북회귀선

멕시코 시티

멕시코만

칸쿤

과달라하라

푸에블라 주

기후 지역

- 열대우림기후
- 열대습윤기후
- 반건조기후
- 건조기후(사막)
- 온대계절풍기후
- 아열대습윤기후
- 지중해성기후

4_3 📍 멕시코 기후 지도

니다. 최근 다양한 지역에서 수행된 유사한 연구는 그녀
의 통찰이 옳았다는 사실을 확인해줍니다.

다양한 장소에서 수행된 연구 결과를 통해 제도 및 경
제구조, 사회 환경, 문화 규범의 영향을 종합적으로 고려
해야 기후변화·경제 위기·병충해에 취약한 농업 종사자

와 식량 생산 시스템을 제대로 설명해낼 수 있음을 깨닫게 됩니다.[10] 기후변화로 인한 스트레스가 저개발 지역에서 갈등을 부르는 직접적인 원인이라는 식의 지나치게 단순한 일반화가 과연 적절한지 의문을 갖게 됩니다. 콜로라도대학의 지리학자 존 오로플린John O'Loughlin과 동료들은 다년간 사하라 이남 아프리카의 무장투쟁을 연구하여 환경결정론의 오류를 폭로했는데요, 기후 관련 스트레스보다 지역 경제와 정치적 상황이 지역 내 갈등을 악화시키는 결정적 요인임을 확실히 보여줍니다.[11]

한편 지리적 맥락을 자세히 들여다보면 환경의 지속 가능성을 저하시키는 인간의 활동이 적나라하게 드러납니다. 역사 속에서 애리조나 피닉스와 카타르 도하와 같은 도시들은 주변 자연환경을 고려하지 않은 채 성장해왔습니다. 최근 환경문제에 대한 민감성이 높아지면서 개발 방향을 바꾸려는 노력이 전개되고 있지만, 대부분의 지역에서 도시 형태와 자연환경·생태계 사이의 불균형(부조화)이 앞으로 해결해나가야 할 심각한 문제라고 그저 인식만 하는 초기 단계입니다. 오늘날 전 세계에서 빠르게 성장하는 신도시의 경관을 살펴보면 현대 세계에서 이상적인 도시의 모습과 권력과 위엄을 갖춘 도시개발 유형에 관한 우리의 생각이 얼마나 비슷한지 확인할 수 있습니다. 각 지역의 물리적 환경과 배경이 모두 다른데도 똑같

4_4 📍 카자흐스탄 아스타나 분수

4_5 📍 두바이 해안

은 건축물, 도시 구조, 경관 디자인이 여기저기 반복되는 상황입니다.

이러한 도시 개발과 경관 형성에 영향을 주는 아이디어는 본질적으로 '무장소적placeless'입니다. 앞서 논의한 문화지리학자 에드워드 렐프 역시 '지역적 맥락과 분리'를 표현하기 위해 '무장소성'이라는 용어를 사용했습니다. 장소적 특성을 고려하지 않는 가운데 주변 환경과 전혀 어울리지 않는 도시 개발이 이루어지고 있습니다. 애리조나 피닉스 주변에 조성된 넓은 잔디밭, 카자흐스탄 아스타나의 거대한 분수 기념비, 두바이 해안의 나무가 무성한 섬 등은 주변의 사막과 어울리지 않는 생경한 풍경입니다. 이러한 관행을 제대로 바꾸려면 정치적 결단과 더불어 장소의 특성을 깊게 고민하는 지리학의 전통에 기반을 둔 새로운 사고방식이 필수입니다.

공간과 규모 간의 상호 연결

몇 년 전 한국에서 심각한 가뭄이 발생하자 곡물 수확량 감소에 대한 우려가 제기되었습니다. 한국 대기업 중 하나인 대우그룹은 마다가스카르 정부와 협상을 통해 곡물 확보와 운송을 위한 임대 영농 계약을 체결했는데, 국가 전체 경작지의 거의 절반에 해당하는 물량이었습니다.[12] 마다가스카르 정부가 대우와 맺은 협상 조건은 엄청난 파장을 불러일으켰고 결국에는 폭동으로 이어졌습니다. 이 계약이 마다가스카르 대통령 퇴진에도 영향을 끼친 셈입니다. 최근에는 중국에서 호두가 건강에 좋다는 인식이 확산되면서 호두 수요가 급증했는데, 그 결과 캘리포니아 센트럴밸리 북부 지역에서 기존 작물 재배지와 자연녹지가 호두 과수원으로 전환되면서 물 사용량, 토양침식 및 노동력 수요 증가와 맞물려 토지 이용에 큰 변화가 있었습니다.

이처럼 인간과 환경 사이의 역동적인 관계를 이해하려면 지리적 공간을 넘나드는 연결성을 반드시 고려해야 합니다. 한 장소에서 발생한 사건은 종종 다른 장소에서 일어나는 현상에 영향을 주고 또 영향을 받기 때문인데, 서로 다른 장소 사이의 연관성을 추적하는 과정에서 개별적인 사건과 상황을 거미줄처럼 얽혀 있는 큰 그림 속에서 조망하게 하는 지리적 사고력의 중요성은 재조명될 수밖에 없습니다. 지난 20년간 중국에서 급증한 온실가스 배출량의 원인을 중국 내부에서 비롯된 개발 전략의 산물로만 보는 것은 너무 단순한 관점입니다. 서방 국가들이 중국에 생산을 위탁하면서 오염을 유발하는 공장이 중국으로 대거 이전한 결과 중국이 탄소 배출 핵심 지역으로 급

부상했음을 함께 고려해야 합니다.[13]

　공간을 넘나들며 연결성을 추적하고 분석하는 작업은 지속 가능한 환경을 만들어가는 과정에서 중요한 과제입니다. 지난 수십 년간 미국과 유럽에서 확장되고 있는 지역 유기농 식품 운동을 사례로 생각해봅시다. 이 운동은 지역의 농장을 지속 가능한 방식으로 육성하여 농업 분야 대기업의 힘을 약화시키며 소비재의 장거리 운송에 따른 환경적 부담을 줄이고자 하는 좋은 취지에서 추진되었습니다. 하지만 이 운동의 맹목적인 추종자들이 개발도상국에서 생산되는 유기농산물을 제한하라고 정부에 요구하면서 근시안적이고 편협한 지리적 사고가 드러났습니다. 이러한 상황은 영국에서 유기농을 장려하고 지속 가능한 농업을 옹호하는 환경 단체인 토양협회Soil Association에 의해 실제로 일어난 사례입니다.

　이 문제는 맥칼레스터대학의 지리학자 윌리엄 모즐리William Moseley가 작성한 의견서가 〈샌프란시스코 크로니클〉에 실리며 주목받았습니다.[14] 유럽과 북미의 소비자가 아프리카, 멕시코, 중앙아메리카에서 생산된 유기농 제품 구매를 중단한다면, 저개발 지역에서 유기농산물을 생산하는 농부는 농약과 제초제를 많이 사용하는 수출 작물 생산으로 돌아갈 수밖에 없고 결국 심각한 환경적·사회적 문제가 발생할 것이 분명하기 때문입니다. 공간을 넘나드는 이러한 연관성이 고려되어야만 인류와 환경에 긍정적인 영향을 미치는 정책 수립이 가능해집니다.

인간-환경 이슈에 대한 지리학의 관심은 서로 다른 장소를 연결하는 네트워크와 흐름을 탐색하는 것, 한 장소의 생산 및 소비 행위가 다른 장소의 인간-환경의 역동적 관계에 미치는 영향을 조사하는 것, 나아가 자연과 사회의 역동성을 분석하고 해석하는 틀이 되는 공간과 규모에 대한 비판적 관점이 도입되는 것을 포함합니다. 특히 마지막 단계가 중요한데, 그동안 인간-환경 이슈에 접근할 때 채택한 지리적 관점에 대해 비판적으로 성찰하지 않은 경우가 많았기 때문입니다. 수많은 언론의 기사와 논평이 중국의 대기오염 문제, 사하라 이남 아프리카의 급증하는 인구 문제, 아마존의 생물 다양성 손실, 알래스카의 빙하 축소와 함께 세계 기후 협상에서 '저개발국(글로벌 사우스Global South)'의 역할에 대해 깊게 생각하지 않고 대충 언급하곤 합니다. 국제 이슈를 다루는 특집 기사조차 공간적 한계에 갇혀 복잡한 현실을 제대로 다루지 못해 감추어진 진실도 많은 상황입니다.

대기오염은 중국 국경 내에서만 발생하지도 않고 중국이 모든 오염의 근원도 아닐뿐더러 중국 내에서 오염 수준도 지역차가 큽니다. 또한 알래스카 빙하가 대부분 사라지고 있는데 일부 지역에서 빙하가 확장되고 있다고 해서 이를 지구온난화를 부정하는 증거로 제시하는 것은 부적절합니다. 나아가 알래스카 지역 외에서 진행되는 자연환경의 변화를 포함하는 큰 그림을 그리지 못한다면 알래스카에 국한된 빙하 현상조차 제대로 이해하기 어렵습니다. (환경결정론적인 틀에 갇혀) 특정한 사회정치적·경제적 성격을 지향하는 나침반과도 같은 '저개발국: 글로벌 사우스'라는 단어는 정확한 지리적 표현이 아닐뿐더러 실제로 매우 다양한 지역을 포함합니다. 특히 기후변화와 관련된 논의에서 서로 다른 입장을 보이는 국가, 지역, 도시로 구성된 지역이기도 합니다.[15]

우리가 지리적 조건에 주목한다면, 어떤 환경에서 통용되는 사회적·환경적 의미가 다른 곳에서도 동일한 의미는 아니라는 점을 알게 됩니다. 산업화가 더딘 지역에서 많이 실행되는 도시농업은 다양한 이점을 갖고 있습니다. 탄자니아 다르에스살람의 사례를 보면, 큰 규모의 도시농장은 주민이 소식을 나누고 친목을 다지는 가운데 창의적인 문제 해결을 논의하기 좋은 녹색의 시원한 공간을 제공합니다. 건강하고 영양가 높은 과일과 채소 재배지로 적당하고 정치적 집회 장소로도 좋은 도시농장이 다른 방식의 발전에는 적합하지 않은 공간일 수 있습니다. 또한 도시농장은 농부에게 일자리와 수입의 원천이 되고, (간단한 점심용 매대, 작은 소매용 가판대 등) 농장 생산자와 소비자가 서로 상대하는 비즈니스의 장이 되기도 합니다. 도시농장은 범죄로부터 안전한 통로가 되기도 하고 경작하는 농부에게는 독립심과 자부심을 높이는 공간이기도 합니다.[16]

하지만 다르에스살람과 같은 도시에서는 과일과 채소를 재배하는 땅을 줄이기 위해 많은 노력을 기울였는데, 대규모로 이루어지는 도시농업이 현대적인 도시 발전에 방해가 되고 후진적이라는 편견이 미국과 유럽 국가에서 강하기 때문입니다. 심지어 이러한 논리에 동조하지 않는 서구인조차 다르에스살람의 무질서한 도시농장을 부정적으로 인식하는 경우가 많습니다. 세계의 특정 지역에서 성공한 도시화 방식이 다른 도시에서는 맞지 않을 수 있다는, 지리학에서 장려하는 사고방식을 받아들이지 않고 다른 지역의 도시 개발 방식을 그대로 들여오는 것은 지역의 이익에 반할 가능성이 있다는 점을 명심할 필요가 있습니다.

비슷한 맥락에서 세계의 빈곤 지역에서 사회경제적 발전과 환경적 지속 가능성을 추구하려는 노력이 실패로 끝나는 경우가 많은데, 이는 지역의 특수한 상황을 간과한 채 좋은 의도를 갖고 접근하면 모든 문제가 쉽게 풀릴 거라는 단순한 생각과 안이한 자세 때문입니다. 널리 알려진 실패 사례는 경제학자인 제프리 삭스Jeffrey Sachs 컬럼비아대학 교수가 주도한 밀레니엄 빌리지 프로젝트입니다. 케냐의 더투Dertu에 현금과 인프라를 집중적으로 투입하는 방식으로 진행된 프로젝트로 이 때문에 현지 전통이 파괴되고 지역의 질서가 무너졌습니다. 인근 마을에서 많은 이주민이 더투로 한꺼번에 몰려들면서 유목민이 거쳐가는 교통 중심지로서의 기능을 상실하게 되었죠. 《이상주의자들: 제프리 삭스와 빈곤 퇴치를 위한 모험The Idealist: Jeffrey Sachs and the Quest to End Poverty》의 저자인 니나 멍크Nina Munk는 지역의 특성을 무시한 프로젝트의 끔찍한 부작용에 대해 인터뷰했습니다.

제프리 삭스가 주도한 프로젝트로 인해 주민들은 아주 지저분한 환경에서 살게 되었습니다. 제가 그곳을 처음 방문했을 때와는 완전히 딴판이었죠. 빽빽하게 들어선 오두막집은 아프리카 전역에서 쉽게 볼 수 있는 끔찍한 폴리우레탄 비닐봉지로 채워져 있었고요. (중략) 오두막 사이로 흘러내리는 비탈의 화장실은 배설물로 넘쳐나고 막혀서 물이 내려가지도 않았습니다. 화장실을 깨끗하게 유지하는 것이 누구의 의무인지 알지 못하는 상황에서 도랑에는 쓰레기가 산더미처럼 쌓여 있었죠. 재앙과도 같은 이러한 상황을 직접 목격하고 나니 제 마음이 너무 아팠습니다.[17]

점점 더 연결된 세상에서 장소들은 사회와 환경에 지대한 충격을 주는 방식으로 서로에게 영향을 미치고 있습니다. 이러한 영향을 이해하려면 지리적 변동성을 심각하게 고려해야 하며, 다른 곳에 사는 사람에게서 배우는 통찰력에도 주목해야 합니다. 하지만 역설적이게도 지리학 역시 오랫동안 지역 연구를 소홀히 해왔습니다. 그러나 장소와 맥락에 대한 지리적 사고가 성숙해짐에 따라 지리학의 태도에서 생긴 문제는 점점 분명해졌고, 인류학과 더불어 현대 학문으로 발돋움했습니다. 지리학은 지역에 관한 깊은 지식을 얻고 통찰력을 주는 학문으로 자리매김하고 있습니다. 지구에서 일어나는 모든 현상을 제대로 이해하고 인간과 자연이 상호작용으로 형성되는 사회적·환경적 복잡성을 규명하는 데 지리학만 한 학문이 없습니다.

결론

자연과학을 사회과학 및 인문학과 구분하는 확고한 경계로 인해 전공을 넘나드는 학제 간 연구는 매우 드문 상황입니다. 학문 간 경계가 뚜렷해진 이유는 자연과학과 사회과학이 분리된 학과, 인적-자연적 경계에 갇힌 교육 프로그램, 전공의 벽이 두터운 연구 문화 때문입니다. 인류가 생존하기 위해 의존할 수밖에 없는 환경을 우리가 변화시키고 있다는 증거가 광범위하게 쌓여가면서 상황은 바뀌고 있습니다. 이 도전 과제의 규모를 고려할 때, 현재 발생하고 있는 문제를 해결하기 위해서는 다양한 배경과 관점에서 노력이 필요합니다.

현대지리학은 이러한 노력 중 하나일 뿐이지만, 중요한 의미가 있습니다. 공간적 배치에 대한 우려는 현재 일어나고 있는 상황을 조명하는 정보를 구성, 표시 및 분석하는 접근 방식을 제공합니다. 장소 기반 관심사는 인간적-자연적 격차를 넘나드는 중요한 상호 연결에 대한 사고를 촉진합니다. 또한 맥락에 대한 우려는 특정 위치의 상황에 따라 영향을 받는 방식에 대한 통찰력을 제공합니다. 마지막으로 우리가 어떻게 그리고 어떤 규모로 서로 다른 자연-탐색적 질문에 대한 접근법의 장점과 한계는 무엇인지 비판적 질문을 던지고 있습니다. 지리적 사고력은 다양한 요소로 이루어져 있습니다. 또한 생물지리, 자연지리, 인문지리와 연계된 특성은 다양한 장소와 공간을 통해 지구상에 나타납니다. 지리적 사고력은 점점 더 중요해질 것이고 인류의 생존에 필수적인 역량이 될 것입니다.

왜 우리에게
지리학이 필요할까?

지리학은 정책을 수립하고 계획할 때 공간의 분석 방식을 제공하는 실용적인 학문이지만, 행정가와 전문가에게만 도움이 되는 건 아닙니다. 지리적 지식과 관점을 배운 대중은 더 넓은 세계에 관심을 갖고 사회 변화에 적극적으로 동참하는 성숙한 시민이 됩니다. 지리학 전공자는 초·중·고교 또는 대학에서 교편을 잡기도 하지만, 지리학을 공부하며 얻은 관점과 기술, 아이디어를 활용해 사회의 다양한 분야로 진출하는 경우도 많습니다. 지리학은 세상에서 자신의 위치를 객관적으로 인식하게 돕고 복잡한 현실 세계를 정확히 파악할 수 있게 합니다. 또한 지리학 공부를 통해 전 세계의 다양한 장소와 낯선 사람을 열린 마음으로 탐구할 수 있게 되죠. 지리적 사고력을 길러 현재 상황과 미래의 가능성에 대한 통찰력을 갖춘 개인은 풍요롭고 다채로운 인생을 살 수 있을 뿐 아니라 건강한 사회 구성원이 될 수 있습니다.

하지만 지리학이 국가 교육과정에서 빠지고 지리 문맹이 늘어나면 어떤 문제가 발생할까요? 지리를 배우지 못한 사람은 세계가 다양한 자연환경, 정치적·문화적 요소로 이루어져 있다는 아주 기본적인 사실조차 이해하지 못하게 됩니다. 또한 주변의 일상적인 경관이 '인간과 자연의 상호작용이 반영된 창문'이라는 생각조차 할 수 없습니다. 그 결과 자신이 사는 곳의 자연환경과 공간의 특성이 다른 장소와 비교할 때 어떤 공통점과 차이점이 있는지, 그 원인은 무엇인지 분석하고 판단하기도 어려워지죠. 나아가 요즘 어디서나 많이 활용하는 지리공간기술(GPS, GIS, 지도 애플리케이션, 원격 감지 등)의 잠재력과 한계를 비판적으로 성찰할 수도 없을 겁니다. 지도는 정보를 전달하는 유용한 도구이기도 하지만 정보를 왜곡하는 거짓말을 할 수도 있습니다. 그러니 늘 주의해서 지도를 읽어야 한다는 것을, 지리 수업을 통해 제대로 배울 수 없습니다. 나아가 지리 교육을 통해 자연과 사회, 인간과 환경이 서로 긴밀하게 연결되어 있음을 이해할 수 있는 지적 능력과 통찰력을 기르지 못한 사람은 환경 관련 정책이나 정치인의 공약에서 문제를 발견하고 반론을 제기할 수도 없을 테니 지리 문맹 국가의 미래는 어두울 수밖에 없습니다.

게다가 지리는 단순한 사실과 지명을 다루는 지루한 암기 과목이라는 편견에 빠진 사람도 의외로 많습니다. 특히 지리학이 제공하는 다양한 관점과 비판적 사고가 부담스러운 정치권에서는 복잡한 현실을 단순하게 보도록 주입하는 교육 방식을 선호합니다. 하지만 우리를 더 넓은 세상으로 나아가게 하고, 생활을 바꾸고 사회를 개선하는 정책을 수립하게 하고, 시민사회를 강화시키고, 계속 발전하고 있는 지리공간기술의 이해와 활용을 촉진하는 데 지리 교육만큼 효과적인 게 있을까요? '지리가 국력'이 된 사례는 도처에 널려 있습니다.

더 넓은 세상에 대한 인식 증진

초연결시대를 살아가는 우리는 다른 지역에 대해 어느 정도 지식을 가지고 있지만, 실제로 얼마나 제대로 알고 있는지는 의문입니다. 심각한 지리 문맹 사례를 들자면, 아프리카를 대륙이 아닌 국가로 인식하거나 태국과 대만을 혼동하거나 안데스산맥이 남미에 있다는 것을 모르는 사람이 의외로 많습니다. 미국의 유명한 내셔널지오그래픽-로퍼National Geographic-Roper의 2006년 설문 조사에 따르면, 18~24세 사이 청년 열 명 중 한 명만이 세계지도에서 아프가니스탄의 정확한 위치를 표시할 수 있었고, 거의 절반이 수단을 아시아에 있는 국가로 알고 있었습니다.[1] (아쉽게도 전통적인 지리 강국인 영국과 캐나다에서도 그다지 좋은 결과를 거두지는 못했습니다.) "전쟁은 신이 미국인들에게 지리학을 가르치는 방법"이라는 (출처를 알 수 없는) 속담조차도 이제는 의미가 없는 것 같습니다. 미국이 이라크를 침공한 2003년 조사 당시 거의 매일 이라크 관련 뉴스가 보도되고 있었음에도 미국 청년의 63퍼센트는 지도에서 이라크를 찾지 못했다고 하니까요.

미국과 영국처럼 전 세계와 긴밀하게 연결된 국가에서도 국민 대부분이 기초적인 지리 지식이 부족해 현실을 제대로 파악하지 못하고 있다는 현실은 정말 심각한 문제입니다. 세계를 이해하는 데 기초가 되는 지명도 모르고 지리적 지식도 없는 지리 문맹이 어떻게 복잡하게 얽힌 국제 문제를 이해하고 해결을 위한 진지한 논의를 시작할 수 있겠습니까? 물론 지리적 무지나 지리 문맹을 단순한 지리적 사실과 위치를 모르는 문제로 간과한다면 앞에 언급한 지리가 단순한 암기 과목이라는 고정관념을 강화할 위험도 있습니다. 또한 인터넷에서 지명과 지도를 쉽게 검색할 수 있는 시대에 위치와 단순한 사실을 암기해야 할 이유도 줄어들었을 수 있습니다. 하지만 세계 시민으로서 지리적 인식과 관점은 필수이며, 정확한 사실과 위치 정보에 기초한 지리적 사고력은 더 중요해졌습니다. 정확한 위치 정보를 아는 것은 '인도네시아는 세계 최대 무슬림 인구 보유국'이라거나 '아마존은 지구상에서 가장 다양한 생물종의 서식지'라든가 'EU는 미국의 가장 큰 교역 상대국'이라거나 '따뜻한 바닷물이 허리케인을 더욱 격렬하게 만들 수 있다'거나 '빙하가 녹으면 해수면이 상승하고 남아프리카공화국이 여름일 때 유럽은 겨울이며 지구상에 단일 인종 국가는 존재하지 않는다' 등과 같은 지리적 지식 못지않게 중요합니다.

누군가에게는 이와 같은 기초적인 지식이 사소한 문제에 불과할 수도 있겠지만, 기본적인 역사적 사실을 아는 것만큼이나 지리적 사실을 아는 것도 중요합니다. 인류의 역사와 진화를 이해하는 데 우리가 살아온 장소의 특성과 환경적 맥락은 기본적인 토대가 됩니다. 서로 긴밀하게 연결된 세계화 시대에 지구를 구성하는 환경적·사회적·정치적·문화적 요소를 인식하지 못하고 살아가는 사람은 자신이 살고 있는 저택의 전체 구조와 형태에 대해 무관심한 상태에서 위층의 방이 어떤 모습이고 어떻게 배치되어 있는지도 전혀 알지 못한 채 평생 1층 침실에서만 생활하는 답답한 사람이 되는 겁니다. 하지만 지리학을 조금이라도 배워서 공간 패턴과 그것이 형성되는 과정을 이

문화적·정치적 분리

벨라루스

폴란드

르비우

2010년 대선에서
야당이 승리한 지역

키이우

우크라이나

러시아어를 모국어로 사용하는
인구 비율

100% 80 60 40 20 0

하르키우

루한스크

빅토르 야누코비치
대통령이 승리한 지역

우크라이나의 정치적 분열은 이 국가의
깊은 문화적 분리를(구분을) 반영한다.
러시아어보다 우크라이나어를 사용하고,
유럽과 더 깊은 정치적·경제적 유대를
원하는 사람들이 많은 서부 지역에서는
모두 2010년 대선에 야당이 승리했다.

오데사

러시아

세바스토폴

150 MILES

5_1 📍 우크라이나 정치, 인종 지도

해한다면, 모든 문제와 현상을 맥락 속에서 파악하고 지
구 전체를 조망할 수 있는 눈을 갖게 됩니다.

전 지구적 문제를 다루는 언론 보도와 정책 발표가 대
중의 지리적 인식을 높이고 지리 문맹을 줄이는 과정에
서 중요한 역할을 할 수 있습니다. 2014년 초 우크라이나
에서 급작스럽게 분쟁이 발생했을 때, 이 지역의 역사적·
민족적 특성을 반영한 통찰을 제공하는 논평을 찾기 힘들
었습니다. 그런 상황에서 기사 하나가 눈길을 끌었는데,

지도(그림 5_1)가 첨부된 〈뉴욕타임스〉 국제면 기사였습니다. 상당한 지리적 배경과 전문성을 가진 그래픽 편집자 데릭 왓킨스Derek Watkins가 제작한 이 지도는 우크라이나를 뒤흔들던 분쟁의 원인이 되는 복잡한 정보를 한눈에 보여줍니다. 이 지도 한 장은 동서 분단, 러시아어를 사용하는 원주민이 지배하는 지역 간의 분열, 친러시아 지도자인 빅토르 야누코비치Victor Yanukovych의 집권을 가능하게 한 선거의 영향, 주변 국가와 관련된 우크라이나의 상황과 입장을 정확하게 이해할 수 있게 돕습니다. 하지만 아무리 훌륭한 지도가 제작되더라도 지도에 담긴 의미와 통찰을 이해하고 해석할 수 있는 독자, 즉 지리적 문해력을 갖춘 시민이 없다면 지도는 무용지물입니다. 지리 문맹은 세계 각 지역에서 발생하는 복잡한 문제를 피상적으로만 인식할 뿐 제대로 된 해결책을 내놓지 못합니다. 하지만 지리 교육을 잘 받은 대중은 전 인류를 위해 올바른 결정이 무엇일지 생각하며 지구를 구하는 일에 앞장설 수 있습니다.[2]

지리학은 낯선 사람, 장소, 경관에 대한 관심과 호기심을 불러일으킬 수 있습니다. 지도책을 보거나 세계 다른 나라의 사진과 사람들이 살아가는 모습을 담은 책을 읽은 아이는 지리적 상상력이라는 날개를 달게 됩니다. 환경, 문화, 사회, 경제의 측면에서 세계 각 지역의 차이에 눈을

뜨면 세계가 얼마나 다양한지 자연스럽게 깨닫게 되죠. 넓은 세상에서 자신의 현재 위치를 알게 된 아이는 호기심을 갖고 자신만의 세계를 점점 더 확장해나가고 세상에 대해 더 많이 알게 됩니다. 다른 곳에서 바라볼 때 세상이 다르게 보일 수 있다는 것을 깨달은 아이는 왜 다르게 보이는지 그 원인에 대해 생각하면서 사고력을 심화시킬 수 있습니다.

지리적 호기심은 모든 사고의 기초가 됩니다. 한 개인이 지구를 구성하는 자연환경과 인간이 만든 건물을 자신의 머릿속에 채워나가는 힘이 될 뿐 아니라 타인과 다른 장소에 대한 편견을 감소시키고 차이와 다양성을 이해하고 포용하게 합니다. 또한 지리적 호기심은 다른 사람의 입장에서 세상을 바라볼 수 있게 하고, 자신이 속한 지역사회와 환경이 갖는 취약성과 복원력을 이해하고 조심스럽게 접근하고 사려 깊게 행동하도록 돕습니다.

무언가에 대해 관심을 갖고 돌보는 마음을 가지려면 일단 그것에 대해 잘 알아야 합니다. 아마존이나 아프가니스탄에 대해 모른다면, 아마존의 삼림 벌채나 아프가니스탄의 지역 분쟁에 어떻게 관여하고 문제 해결에 도움을 줄 수 있겠습니까? 사실 우리는 우리가 매일 먹는 음식과 입는 옷부터 컴퓨터로 접속하는 장소와 숨 쉬는 공기에 이르기까지 일상생활의 거의 모든 영역에서 세계와 긴밀하게 연결되어 있습니다. 세계 다른 지역에서 살아가는 사람과 그들의 장소를 구체적인 현실로 이해하게 되면 실체가 없는 비디오 게임과는 전혀 다른 느낌으로 다가옵니다. 세상이 경이롭고 흥미롭다고 느끼고 타인을 온전한 육체를 가진 존재로 인식해야 진짜 관계를 맺을 수 있습니다. 지리학이 소수를 위한 사치재가 아니라 타인을 보살필 수 있는 사려 깊고 책임감 있는 사람을 키우는 데 필수인 이유입니다.

삶을 풍요롭게 하는 지리학

지리학을 접하면 개인적으로 삶에 유용할 뿐 아니라 주변 환경과 더 밀접하게 연결되고 삶의 의미도 풍요로워질 수 있습니다. 이제 세계에서 점점 더 많은 사람이 휴대폰, 컴퓨터, 비디오 게임 그리고 스트리밍에 더 많은 시간을 보내고 있습니다. 이러한 새로운 기기 중 일부는 사람을 더 넓은 세계로 이끌고 이해를 넓혀주기도 하지만, 그 반대의 경우도 허다합니다. 위대한 만화가 게리 바벨Gary Varvel은 간만에 밖에 나온 한 소년이 "오, 비디오 게임에서 본 적이 있어"라고 말하는 만평[3]을 통해 비디오 게임의 해악을 재치 있게 보여줍니다. 지난 수십 년간 이룬 놀라운 기술혁명은 자신의 주변 환경을 직접 체험하거나 타인과 직접 만나 접촉하는 경험을 희생시킨 결과입니다. 우리는 기술 발전의 결과를 조금씩 이해하기 시작했는데, 이미 긍정적 측면보다는 부정적 측면이 더 많이 보고되고 있습니다. 실제로 기술 발달로 자연환경에 대한 시각적·후각적 민감성이 저하되고 모험심은 감소하는 가운데 고독과 우울증은 증가하고 있습니다.

오늘날 교육계가 학생이 나무 위로 올라가서 주변 환경을 탐색하고, 우주에서 행성과 별자리 위치가 어디에 있는지 호기심을 갖도록 격려하고 있을까요? 사는 곳 주변의 평원에서 자라는 풀과 나무의 아름다움과 생명력에 경탄하고, 동네의 골목과 오솔길을 자유롭게 돌아다니고, 익숙한 관광 명소를 벗어나 낯선 개울에 발을 담그는 일탈의 경험 말입니다. 비행기에 타자마자 창문 덮개를 내리고 창 밖 풍경을 바라보지 않는 사람이 늘어났습니다. 낯선 동네를 찾아가 유유자적하고 싶은 욕망은 도대체 어디로 사라진 걸까요? 물론 여전히 지리적 호기심이 많은 사람도 있지만, 통계에 의하면 이러한 사람의 숫자는 점점 감소하는 추세라고 합니다.[4]

물론 지리 교육만으로 이러한 추세를 역전시킬 수 없겠지만, 그래도 유익한 효과를 기대할 수는 있습니다. 우리는 지리 교육을 통해 자연·인문적 요소로 구성된 경관에 대해 관심을 불러일으키고 관찰력을 발달시킬 뿐 아니라 우리를 둘러싼 환경을 이해하게 돕는 현장 학습과 통합해 실행할 수도 있습니다. 학생에게 지도 제작, GIS 및 원격 감지기술을 소개하면서 환경과 인간 활동 패턴에 대한 사고와 탐색을 장려할 수도 있죠. 자연지리학은 바람이 부는 이유부터 지형을 형성하는 요인까지, 지구상의 다양한 현상을 탐구하도록 학생의 호기심을 자극할 수 있습니다. 또한 다양한 지리적 주제를 통해 문화 패턴, 도시의 구조, 경관에 반영된 경제적·사회적 과정을 탐구할 수 있게 생각을 넓혀줍니다. 인간-환경의 관계를 살펴보면서 인간의 환경관이 토지를 이용하는 방식을 결정해왔던 역사에서 시작해 홍수 다발 지역에 특정한 건축물이 들어선 원인과 예상되는 결과에 이르기까지 다양한 문제를 지리적 관점에서 바라볼 수도 있겠죠. 멀리 떨어진 지역을 지리학적으로 탐구함으로써 학생들은 새로운 곳에 관심을 갖거나 다른 곳에 산다는 것이 어떤 경험일지 상상하거나 체험해볼 수도 있습니다.

핵심은 지리학을 잘 가르치면 우리의 생각과 경험을 제한하는 육체적·정신적 장애물을 극복할 수 있다는 겁니다. 고대 그리스인은 교육의 목적은 단순히 실용적 기술만을 전수하는 것만은 아니라고 (물론 지리학은 이러한 기술들도 포함합니다) 선언했습니다. 지금도 여전히 인간의 삶을 풍요롭게 하는 문학, 역사, 철학 등 인문학이 강조되는 상황에서 지리학 역시 이러한 인문학의 성격을 띠고 있습니다. 또한 지리학은 우리가 그동안 당연시해온 것에 대한 호기심과 새로운 인식, 나아가 감사하는 마음을 갖게 함으로써 우리의 정서를 풍요롭게 하고 지적·사회적·심리적 행복감을 높여줍니다.

당신이 거리를 걸을 때 그냥 단지 길밖에 없다고 생각할 수도 있습니다. 하지만 지리학을 배우면 새로운 관점을 갖게 됩니다. 주변 풍경을 둘러보면서 어떻게, 왜 이러한 경관이 형성되었는지 생각해볼 수 있고, 주변 건물의 특성에 대해 생각해볼 수도 있고, 주변에 있는 사람이 어디서 왔고 또 어떤 사람인지에 대해 곰곰이 숙고할 수 있는 힘이 생깁니다. 물을 사용하기 위해 아무 생각 없이 그냥 수도꼭지를 돌릴 수 있겠지만, 물이 어디서 왔을까 상상해보고, 내가 지금 사용하는 물의 양이 지속 가능한 수준인가 한번 반성해본다면, 당신은 이미 지리적 사고를 하고 있는 겁니다.

지리학은 높은 산에 올라 계곡을 내려다보고 아름다운 풍경에 감탄하는 데서 그치지 않습니다. 계곡이 어떻게 형성되었는지 관찰하고, 산마다 식생과 계곡의 형태가 다르다는 것을 발견하고, 나아가 특정한 계곡의 자연환경이 인간의 활동에 어떤 영향을 끼쳤는지, 주민의 이주를 촉진하거나 방해했을 입지적 특성을 추정하는 것이 바로 지리적 사고력입니다. 이렇게 지리학이라는 렌즈를 통해 세계를 이해하고 주변을 탐색하는 과정을 거치면 우리는 다음 단계로 나아갈 수 있습니다. 지리를 배우면 호기심이 확장됩니다. 나아가 지적 자극을 계속 받으면서 새로운 대안을 모색하고 실행하는 힘이 생기고, 사려 깊고 책임감 있는 시민으로 성장할 수 있죠. 교양교육의 주요한 목적 달성에 도움이 되는 지리학에 입문한다는 것은 평생학습의 초대장을 받는 것과 다름없습니다.

시민사회를 강화하고 정책 수립에 기여하는 지리학

앞에서 보았듯이, 지리학의 관점 및 분석적 접근은 정치·사회·경제·환경 분야에서 시급하게 해결해야 할 다양한 문제를 직시하는 데 도움이 됩니다. 하지만 소수의 숙련된 실무자만이 지리적 인식을 하고 있다면, 정책을 수립하고 더 나은 세상을 만드는 과정에는 지리학의 기여는 제한될 수밖에 없습니다. 이 책에서 소개된 지리적 이해와 인식에 기초해 효과적인 정책을 도출하는 과정에서 지리학자나 과학자, 공무원, 지식인 등 소수의 전문가 집단뿐 아니라 지리의 중요성을 알고 있는 평범한 시민의 역할도 중요하기 때문입니다. 즉, 공간 패턴을 읽어내고 서로 다른 장소에 기반해 발생하는 현상의 차이를 고려할 수 있는 사람이 많아질수록 더 나은 세상을 만드는 정책을 제대로 수립하고 실행할 수 있습니다. 한 장소와 도시가 성장하고 발전하는 과정에 영향을 끼치는 공간적 상호 연결성, 자연과 사회 간의 역동적 관계, 이슈에 접근하고 개념화할 때 작동하는 지리적 틀 등이 바로 지리 교육이 목표로 하는 정신적 습관입니다.

　1961년부터 1968년까지 미국에서 국방부 장관을 역임했던 로버트 맥나마라Robert McNamara가 쓴 회고록은 지리의 중요성을 잘 보여줍니다. 맥나마라는 베트남전의 비극은 미국의 정책을 결정하는 엘리트들이 베트남 국민과 "역사, 문화, 정치에 대한 깊은 무지" 때문이라는 주장을 펼칩니다.[5] 1960년대 미국이 베트남전쟁에 깊게 개입하게 된 배경은 도미노 몰락이라는 냉전적 비유에 힘입은 바가 큽니다. 즉, 호찌민이 이끄는 공산당의 이념적 성향에만 지나치게 주목하다 보니, 장기간 유럽의 식민 통치를 받고 일제의 침략까지 경험한 동남아 사람의 가슴속에서 뜨겁게 불타올랐던 애국심을 제대로 읽어내지 못했다는 겁니다. 즉, 동남아 지역을 지정학적 관점에서 본다면 절대로 놓칠 수 없는 '급증하는 민족주의nationalism'라는 이슈를 간과하고 베트남에서 냉전이 갖는 의미를 숙고하지 않았기에 미국의 베트남전 개입은 실패할 운명이었다는 자성입니다.

거창한 지정학 이론에 경도된 국제정치 전문가나 군사 전략가가 베트남의 시골 마을에서 미군이 파괴와 학살을 일삼는 악마로 비춰지고 있는 현실에 대해 알고 있었다면 결과는 달라졌을까요? 외국의 침략자에 맞서 싸우기 위해 무기를 든 평범한 베트남 사람의 끈기와 강직함, 집념과 사명감이 얼마나 대단한 것인지 알고 있었더라면 미국이 베트남에서 그렇게 무력하게 물러나는 수모를 피할 수 있지 않았을까요? 역사에는 가정법이 없으니 이러한 질문에 그 누구도 확답을 하기 어렵겠지만, 지리 문맹 지도자의 위험성과 지리 교육이 좌우하는 국가의 운명을 잘 보여주는 사례라고 할 수 있겠습니다.[*]

최근 우리는 국제사회를 흔드는 지정학의 힘과 실제 지각 변동을 목격하고 있습니다. 중동에서 격변하는 지정학과 이슬람의 변종이라는 이름에 숨어 있는 테러리즘, 부활하는 러시아 세력과 급성장 중인 중국의 막강한 영향력, 기후변화로 중요성이 급부상한 북극 지역에 대한 새로운 관심, 불안한 유럽 통합 체제와 국제정치의 불확실성이 증가하는 가운데, 파키스탄·필리핀 같은 국가의 국내 정치 상황도 급변하고 있습니다.[**] 이러한 변화는 모두 구체적인 지리적 환경에 뿌리를 두고 진행되고 각각의 장

[*] 2022년 2월 러시아 푸틴을 비롯해 정치인, 군 세력이 자신들의 영토를 지키기 위해 결사항전하려는 우크라이나 국민의 정서를 제대로 읽었다면 우크라이나 침공 결정을 쉽게 내리지 못했을 듯하다. - 역자

[**] 특히 2020년 초 코로나19가 전 세계로 확산되고 각국 정부가 코로나와의 전쟁을 벌이면서, 국제 정세가 요동치고 세계지도가 급변하는 중이다. - 역자

소는 세계(즉, 지리적 상황)와 긴밀하게 연결되어 있기에, 지리학의 관점에서 국제 문제를 바라보면 동맹과 교역 관계가 형성되는 배경과 원인을 이해하고 미래를 전망하는 데 도움이 됩니다. 나아가 인류가 지구의 표면(지표면)을 어떻게 분할하고 현명하게 사용할 수 있는지, 다양한 견해(즉, 지리적 이해의 차이)에 기반해 모든 문제를 새로운 관점에서 접근할 필요가 있습니다. 지리적 패턴을 읽어내는 기본적인 지식조차 갖추지 못한 지리 문맹이 복잡하게 얽힌 국제 문제 해결을 주도하고 지정학적 변화에 제대로 대응할 거라고 기대할 수는 없겠지요.

지리 문맹 탈출은 정부 관료, 정책 입안자, 과학자 등 엘리트에게만 시급한 문제는 아닙니다. 건강한 시민사회를 만드는 주체는 정확한 정보로 무장하고 행동에 나서는 평범한 대중입니다. 기후 위기의 원인과 전개 과정, 지표면에 현재 진행 중인 생태계와 자연환경의 변화를 이해하지 못하는 시민은 한파가 기후 온난화를 부정하는 증거라고 현실을 호도하는 주장을 반박하기 어렵습니다. 주변국과의 관계를 포함해 북한의 지리적 상황에 대한 인식이 부족하다면 북한 지도자의 호전적인 태도와 미사일 공격에 대한 군사적·경제적 대응이 초래할 잠재적 결과를 가늠할 수도 없겠죠. 지리 문맹은 유명인, 언론인, 블로거, 자칭 전문가의 거짓말이나 틀린 주장을 지적하거나 오도된

진술을 반박할 능력이 없으니, 지리 문맹 국가에서는 엉터리 전문가가 판을 칩니다. 다른 지역과의 경쟁 상황이나 기계화 및 교통 혁신의 영향, 상품이 어디에서 어떻게 생산되고 있는지 등 구체적 현실을 정확하게 파악하지 않은 상태에서 특정 부문의 일자리 감소를 환경 규제나 이민자 탓으로 돌리는 정치인(트럼프 대통령이 주로 대중을 선동하는 방식)을 떠올리면 쉽게 이러한 상황을 이해할 수 있을 겁니다.

지리 교육은 공공 영역에서 중요한 기여를 할 수 있습니다. 특히 지리 교육은 상호 이해를 증진시킵니다. 지리학이 한때 먼 땅에 대한 지배권을 행사하고 유지하려는 식민지 열강의 이익을 우선적으로 대변해 문제가 되기도 했지만, 이제 시대가 바뀌었습니다. 21세기 새로운 지리 교육은 다른 곳에 사는 사람의 시각을 통해 세상을 보는 것이 무엇을 의미하는지 깨닫게 합니다. 지리적으로 사고하면 다른 장소와 다른 사람에 대한 오해와 비난을 멈출 수 있으며, 이는 갈등을 피하는 중요한 첫걸음이 됩니다.

지리공간기술의 이해 및 활용의 촉진

지난 수십 년 동안 공간정보 및 지리에 기반한 기술혁명이 눈부시게 전개되었고, 이를 보여주는 가장 명백한 증거는 GIS의 확산입니다. GIS는 토지 이용 계획, 조경 및 건물 설계, 환경 평가 및 관리, 비상 상황에서 응급 서비스 배치·제공, 공간에 기반한 학술 연구를 촉진해왔고, 점점 더 다양한 분야에서 활용되고 있습니다. GPS와 구글 지도Google Maps, 마이크로소프트의 가상지구Microsoft Virtual Earth 등 온라인 지도 사이트는 사람들이 목적지를 향해 길을 찾아가는 방식을 획기적으로 바꾸었죠. 또한 온라인 지도화 응용 프로그램을 사용하면 모든 컴퓨터 사용자가 스스로 지리 정보(일명 '자원봉사를 위한 지리정보' 또는 VGI*)를 만들어 데이터베이스에 기여할 수도 있어 나와 멀리 떨어진 곳의 현장 상황을 이해하는 데에도 유용한 활동입니다.

　이러한 기술의 발전은 지리 교육의 필요성을 더 설득력 있게 제시할 수 있는 배경이 됩니다. 21세기 공간에 기반한 기술 혁신의 장점과 한계를 인식하는 과정에서 지리학이 그 기초가 되기 때문입니다. GIS가 다양한 분야에서 활용되면서 관련된 기술을 익힌 개인은 취업 기회가 크게 늘어났습니다. 지리학뿐 아니라 다양한 학과 및 전공에서 GIS 교육을 도입하고 있지만 단순히 GIS 기술을 배우는 것만으로는 부족합니다. 목적에 맞게 선택한 공간 데이터의 유형, 각 데이터 층에 부여하는 가중치, 각 층에 들어가

●　이 용어는 마이클 굿차일드Michael Goodchild가 지리 정보를 만들고 조립하고 전파하는 민간 시민들의 참여를 설명하기 위해 만든 용어이다.

는 데이터의 해상도를 어떤 수준으로 할 것인가를 결정하는 판단력이 GIS 분석의 질과 효용을 결정하기 때문입니다. 이러한 맥락에서 GIS 분석의 결과물은 단순한 '실제 세계'의 표현이 아닌 (제2장에서 논의한 바와 같이) 지속적으로 검토하고 평가해야 하는 아이디어이자 판단의 산물로 봐야 합니다.

GIS의 장점과 한계를 정확히 인식하고 적극적으로 활용하기 위해서는 공간 데이터 및 분석에 대한 깊은 이해, 공간적 프레임워크에 대한 비판적 사고, 규모가 분석 결과에 미치는 영향 등을 민감하게 고려해야 합니다. 이는 모두 지리 교육을 통해 성취할 수 있는 역량입니다. 물론 공식적인 지리 교육이 아닌 다른 교육을 통해서도 일부 능력을 기를 수는 있겠지만, 지리학을 중심으로 가르칠 때 가장 효과적으로 목표에 도달할 수 있습니다. GIS 분석을 거쳐 여러 가지 정보를 담은 다양한 지도가 제작될 수 있지만, 안타깝게도 그렇게 만들어진 GIS를 활용한 지도는 해석하기도 어렵고 시각적으로도 매력적이지 않습니다. 그러나 지도와 지도 제작(전통적으로 지리학과 교육과정에서 핵심 요소)에 대해 제대로 교육받은 사람에게는 매우 유용한 도구로 활용되거나 실제로 큰 영향력을 발휘할 수도 있습니다.

〈그림 5_2〉은 미국 와이오밍주의 야생동물 이동 경로

를 명확하게 보여주고 상상력을 자극하는 지도입니다. 지리학자와 현장생물학자의 협업으로 만들어진 이 지도는 중요한 동물종의 장기적인 건강과 생존에 중요한 지역에 주목하게 합니다. 다양한 분야에서 널리 알려진 이 지도는 와이오밍 야생동물 이니셔티브Wyoming Wildlife Initiative 가 제작해 대중의 높은 관심을 끈 비디오에 수록되기도 했습니다.[6] 이 지도는 미국 서부에서 야생동물의 이동 경로가 갖는 중요성에 대한 인식을 높였고, 도널드 트럼프 대통령이 이끄는 미국 정부 집권 초기에 발표된, 얼마 안 되는 친환경 정책의 토대를 마련하는 데 기여한 것으로 평가받습니다. 실제로 지도 한 장의 나비효과로 사냥꾼의 표적이 되는 야생동물을 보호하기 위해 서부 지역에 속하는 주州의 서식지 및 그들이 이동하는 동선의 연구와 보존을 요구하는 미국 내무부의 행정명령까지 내려졌습니다.[7] 특히 이 행정명령은 이전에 여러 주에서 산발적으로 이루어졌던 야생동물 보호 전략 가운데 와이오밍주에서 주도하는 계획이 가장 가시적이고 광범위한 효과를 낼 수 있을 것이라는 확신에 기반해 내려졌는데, 이러한 과정에서 〈그림 5_2〉와 같은 시각화를 바탕으로 한 와이오밍주의 지도가 큰 기여를 했습니다. 지리 정보를 효과적으로 시각화하는 방법에 정통한 GIS 실무자는 이러한 영향력을 행사하기에 이전보다 훨씬 유리해진 상황입니다.

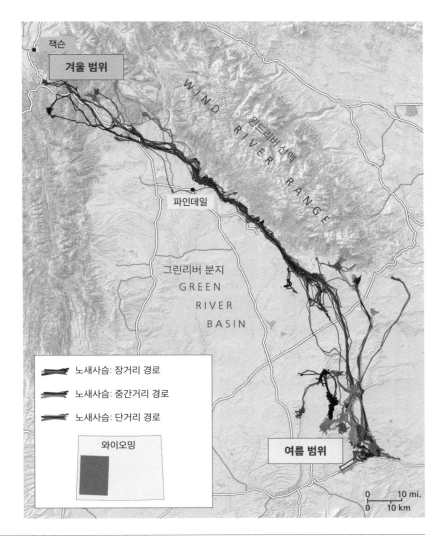

5_2 📍 와이오밍주 야생동물 이동 경로 지도

하지만 GPS와 온라인 지도 플랫폼도 만능은 아닙니다. 구글 지도와 같은 플랫폼에서 제공하는 경로를 생각 없이 그냥 따라가다가 결국 어딘가에 갇히거나 길을 잃거나, 위험한 상황에 빠진 사람의 이야기는 매년 계속 반복됩니다. 몇 년 전 세례식에 참석하기 위해 차를 몰고 가던 영국 레스터셔Leicestershire주 출신의 한 여성이 GPS의 안내에만 의존해 구불구불한 길을 내려가다 불어난 강물에 휩쓸려 습지에 빠졌다는 충격적인 뉴스가 방송되었습니다. 물에 잠긴 자동차에서 가까스로 빠져나온 그녀는 다행히 목숨은 건졌지만 1억 5,000만 원에 달하는 메르세데스 자동차는 잃고 말았죠.[8] 좀 더 평범한 사례를 들자면, 구글 지도를 맹목적으로 따르는 런던의 자전거 이용자는 비 오는 저녁 동쪽에서 서쪽으로 이동할 때, 조명이 어둡고 복잡한 예선로曳船路*를 따라 내려가다 물에 빠지는 낭패를 당할 확률이 높습니다. 왜냐하면 그 길은 주말 날씨가 좋을 때 많은 관광객이 찾는 매력적인 루트로 구글 지도가 적극 추천하는 경로이기 때문입니다.

• 배를 끄는 길 - 역자

지리 교육이 부실한 사회에서는 지도는 단순한 사실을 표현한 것이라고 쉽게 단정하고, 인간이 만든 다른 정보나 상품처럼 지도에도 실수가 있을 수 있다는 점을 고려하지 않습니다. 특히 지리 문맹은 지도가 일시적이고 특별한 목적하에 수집된 정보를 담은 수단에 불과하다는 점을 간과하기 쉽습니다. 컴퓨터가 구비된 환경에서 지도를 만들고 조작하기가 이전보다 훨씬 쉬워졌기 때문에 수십 년 전에 비해 더 다양한 지도가 더 많이 제작되고 활용되고 있습니다. 더 넓은 지역에 걸쳐 더 많은 지도가 만들어지고 공간처리기술이 확산되면서 지리교육은 더 중요해졌습니다. 영화를 제작하고 영화를 보는 것이 대중화되자 영화학 전공자가 늘어나고 교육 프로그램이 생겨났죠. 개인용 컴퓨터 혁명 이후 컴퓨터 연구와 교육 프로그램이 꽃을 피웠습니다. 이제는 지도가 일상생활의 일부가 되었으니 지도를 통한 의사소통을 쉽게 하기 위한 교육적 목적뿐 아니라 지도 제작 과정에서 어떤 데이터를 선택하고 편견을 줄일 수 있을지 등에 대해 신중하게 생각해야 합니다. 또한 지도에 대한 비판적 성찰을 가능하게 하는 지리 교육이 본격적으로 강화되어야 하겠습니다(제2장에서도 논의한 내용입니다).

요즘 도시, 마을, 시골 지역을 이동할 때 GPS를 사용하는 관행이 널리 퍼져 있는데, 지리 교육은 이러한 관행의 단점과 부작용을 완화하는 데 도움이 됩니다. GPS는 유용한 도구이기는 하지만 단점도 뚜렷합니다. 즉, 경관을 구성하는 다양한 요소를 포함하는 큰 그림 속에서 각 지역이 갖는 위치와 의미를 읽어내는 힘을 기르지 못하게 하고 오직 자신의 이동 경로에만 초점을 맞추게 하는 치명적 약점도 갖고 있습니다. 대부분의 GPS 출력 데이터는 지형을 표현하지 않으며 특정 목적지가 다른 장소와 관련하여 어떤 위치에 존재하고 어떤 특성을 갖고 있는지 제대로 드러내지 않습니다. 그러니 GPS에만 의존하다 보면 시야가 편협해지는 우물 안 개구리로 전락할 수 있습니다.[9] 특정한 지리적 데이터만 풍부한 GPS는 전반적인 지리적 이해에 도달하는 데 오히려 방해가 되기도 합니다. 지리학 공부를 통해 이러한 공간 기술 및 데이터의 한계를 인식하면 이를 극복하기 위한 노력도(옛날 방식으로 로드맵을 작성해보거나 전통적인 종이 지도를 참조하거나 온라인 환경을 제한하고 축소하는 등의 방식으로) 시도할 수 있겠습니다.

Wikimapia.org, MapAction.org, OpenStreetMap. org과 같은 온라인 지도 플랫폼이 개발되고 점점 더 많은 비전공자와 일반인이 지리 정보(VGI)에 자발적으로 기여하면서 여러 분야에서 문제가 될 수 있는 격차를 메워나가고 있습니다. 이러한 노력은 이미 재난 구호(지진 발생 후 비상 상황에서 어디로 가야 안전한지 안내하고 돕는 활동), 인도주의적 지원(난민의 이동 패턴과 구호용품이 긴급하게 배송되어야 할 장소 정보 제공), 공중보건 모니터링(질병의 발생 위치를 정확히 파악하고 신속하게 보고하는 시스템 구축)에서 이미 긍정적인 효과를 내고 있습니다. 또한 지리학 및 지리

공간기술에 익숙한 사람이 늘어날수록 이러한 활동이 더 빠르게 확산될 것입니다.

한편 지리공간기술은 잠재력과 선한 영향력과 함께 개인정보 보호 등과 같은 문제도 야기합니다. 컴퓨터 기술과 신용 카드를 사용하는 대부분의 사람은 정부 기관과 마케팅 회사가 구축한 방대한 개인정보 데이터베이스에 자신의 행적과 관련된 풍부한 공간정보의 흔적을 남깁니다. 사람은 자신도 모르는 사이에 추적될 수 있고, 원하지 않는 제품의 광고 대상이 될 수 있으며, 자신의 활동 패턴에 대한 정보가 누군가에 의해 악용될 위험성에 노출되어 있습니다. 이러한 문제 상황을 미리 파악해 위험을 줄이거나 개인정보 보호를 위한 암호화 프로토콜을 설계하려면 지리적 사고력이 필수입니다. 개인의 사생활을 위협하는 가장 큰 위험 요소가 어디에 있는지, 그리고 민감한 개인정보를 보호하기 위해 지리공간기술을 어떤 방식으로 구성하고 활용해야 할지 판단해야 합니다. 지리공간기술과 함께 지리적 사고력을 갖춘 다양한 분야의 인재가 협업하여 이러한 문제를 해결해나가야 하기에 지리 교육의 가치와 중요성은 더욱 재조명될 것입니다.

결론

사회 발전에 필요한 지식과 기술이 전수하는 교육을 통해 학생은 평생 변화할 세상에 적응하는 능력을 기를 수 있습니다. 또한 우리의 삶에 다양한 의미를 부여할 수 있습니다. 사람들에게 주변 환경을 비롯해 모든 조직과 사회에 대한 통찰력을 제공하고, 개인의 삶에 영향을 미치는 기술을 이해하고 비판적으로 성찰할 수 있게 해주는 지리학은 교육에서 핵심적인 역할을 담당합니다. 지리학을 전공한 학생은 주변에서 일어나는 변화를 이해하고 그러한 변화를 평가하는 도구를 사용하는 방법을 배울 수 있고, 새로운 환경에 적응하는 방법을 배우고 통찰력도 기를 수 있습니다. 또한 지리학은 자신의 일상생활 세계에서 풍요로움과 경이로움을 발견할 수 있는 안목을 갖게 해주고, 독특한 장소와 환경에 대한 인식과 관심을 높여주며, 그 자체로 의미와 가치가 있는 세상에 대한 호기심을 키워줍니다. 한마디로 요약하자면, 지리학은 점점 더 연결되고, 붐비고, 환경적으로 취약하고, 빠르게 변화하는 세계를 이해하는 열쇠인 것입니다.

나가며

지난 2,000년 동안 지구적 차원에서 주요한 지리적 변화가 있었습니다. 화산 폭발로 지도에서 몇몇 섬은 사라졌고, 어떤 땅은 대륙에 붙기도 했습니다. 중세 온난기 유럽에서 식생의 분포가 변하면서 고위도 지역에서 식량 작물 재배가 가능해지기도 했습니다. 선박 설계의 혁신으로 서반구와 동반구 사이에서 사람과 상품의 대규모 교환이 발생했고, 유럽인에 의해 대규모의 인명 살상도 자행되었습니다. 철도와 자동차가 발명되고 급격하게 인구가 증가하면서 도시의 규모와 형태가 재편되고 생산과 소비를 위한 공간 구조도 급변했죠.

현대 세계를 탄생시킨 지난 2,000년 동안의 지리적 변화를 연구하는 과정에서 아직 배울 것이 많습니다. 하지만 우리는 여기서 멈출 수 없습니다. 수 세기, 아니 지난 수십 년에 걸쳐 급속한 발전이 이루어졌고, 현재 우리가 살아가는 세상은 이전과 비교할 수 없을 정도로 짧은 기간 동안 엄청난 변화가 일어나는 중입니다. 향후 수년 내지는 수십 년간 변화의 속도는 더 빨라질 게 분명합니다. 우리의 눈앞에서 자연환경이 재조성되는 가운데 지정학의 세계지도 또한 급변하고 있습니다. 도시가 폭발적으로 성장하고 장소와 사람을 연결하는 방식이 달라지고 있습니다. 신기술 개발과 혁신이 확산되며 우리의 생활 방식뿐 아니라 서로 관계를 맺는 방식까지 변화하고 있습니다. 이제는 우리 자신과 자연환경에 대한 사고방식까지도 빠르게 바뀌고 있습니다.

현재 일어나고 있는 변화의 다양한 측면을 이해하는 것만 해도 사실 엄청난 노력이 필요하고, 이 모든 변화에 제대로 대응하기는 벅찬 현실입니다. 지구와 환경의 변화에 관한 자료는 넘쳐나지만, 그 변화의 지리적 특성과 실제 현실에서 일어나고 있는 변화에 대해 잘 알지 못한다면 새로운 세상에서 잘 적응해나갈 수 있을까요? 지리학은 급변하는 지구에서 인류가 생존하기 위해 반드시 공부해야 하는 학문이 아닐까 싶습니다. 만일 학자와 학생이 장소와 지역의 물질적 조건과 공간 구조의 진화를 평가하는 데 필요한 지리적 도구와 분석적 관점이 부족하다면, 또는 정책을 만들고 계획을 수립하는 공직자가 다양한 이슈와 문제에 대해 지리적으로 사고할 수 있는 능력을 갖추지 못했다면 산적해 있는 어려운 문제를 어떻게 해결해 나갈 수 있겠습니까? 실제로 지리적 지식과 소양을 갖춘 사람만이 공간 패턴에 대해 비판적으로 사고하고, 그러한 일이 왜, 어디서 발생했는지 이해할 수 있고, 나아가 지리적 맥락이 그 사건에 어떤 영향을 끼쳤는지를 총체적으로 파악할 수 있습니다.

2장 말미에서 언급한 이동성 혁명의 한 측면을 구체적으로 실현하는 데 지리적 사고와 이해가 왜 중요한지 한번 생각해볼까요? '연결되고 자동화되고 공유 가능한 전기CASE' 자동차가 기존 자동차와 트럭을 거의 다 대체하는 시기가 왔다고 상상해봅시다. 우리가 현재 이용하는 도로의 차선보다 훨씬 더 좁은 디지털 선로를 꽉 채운 자율주행차가 커브 없는 직선거리를 거침없이 달리는 모습을 볼 수 있을 겁니다. 기술 부문의 예측이 어느 정도 정확하다면, 개별적으로 자동차를 구입하고 소유하는 것은 점점 더 비경제적인 선택이 될 것이고, 최신기술을 도입한 차량은 기존 차량보다 훨씬 더 안전하고 유지 관리도 쉬워질 겁니다. 이러한 이동성의 대전환은 뚜렷한 1차 연쇄 효과를 가져올 텐데, 우선 거리와 인도의 공간적 특성이 바뀌고 많은 주유소가 사라질 겁니다. 자동차 산업의 급진적인 변화가 일어나는 가운데 석유 산업의 급격한 위축도 예상됩니다. 하지만 우리가 여기서 멈춘다면 (불행히도 'CASE' 관련 대부분의 논의는 여기서 끝납니다) 미래에 대한 우리의 이해와 전망은 극히 제한적일 수밖에 없습니다.

2017년 컬럼비아대학에서 열린 '이동성의 미래'에 대한 미국지리학회 심포지엄에서 CASE는 광범위하고 장기적인 결과와 연관된 분야의 발전으로 주목을 받았는데, 주요 논의 주제는 대중교통, 토지 이용, 지방 재정, 대기오염, 고용 기회, 도시의 성장 패턴, 장소 간 상호 연결성 등이었습니다. 실제로 CASE는 부와 빈곤의 패턴, 경제활동의 조직, 지역 주민의 인구통계학적·민족적 구성, 사람의 일상적인 활동 패턴, 심지어 그들의 장소감에도 영향을 미치고 도시의 공간 조직을 근본적으로 변화시킬 수 있는 잠재력을 갖고 있습니다. 이러한 이슈는 본질적으로 모두 지리와 관련이 있기에, 이 책에서 논의된 지리적 관점과 공간 분석 도구는 다양한 이슈를 이해하고 건설적인 방향으로 발전시키는 데 도움이 됩니다.

다가올 미래의 특성을 정확히 파악하고 적극적으로 대처하려면 우선 지리적 사고력을 기르고 '역동적으로 변화하고 있는 지구의 지리'에 예민해져야 합니다. 이제 '지리문맹'에서 벗어나지 않으면 우리의 삶을 제대로 지탱해나갈 수가 없는 시대입니다. 인간과 환경 그리고 장소가 어떻게 조직되고 상호 연결되어 있는지에 대해 별 관심이 없다면, 어떤 현상이 '어디서' 일어났고 '왜 하필 거기서' 발생했는지 파악하기 어렵습니다. 지리적 맥락이 환경과 인류의 문제에 어떤 영향을 끼치고 있는지에 대해 공간적으로 사유하고 비판적으로 성찰할 능력이 없는 '지리 문맹'은 생존하기 어렵습니다. 21세기라는 바다를 항해하는 데 지리학은 사치품이 아니라 누구나 반드시 갖춰야 하는 지식과 관점이라고 할 수 있습니다. 우리가 더 살기 좋고, 정의롭고, 지속 가능하고, 평화로운 지구를 함께 만들어가는 과정에서 지리적 사고력은 가장 기본적이고 핵심적인 요소니까요.

더 읽을 거리

지리학의 폭과 역동성을 이 짧은 목록에 담기 어렵지만, 다음의 목록은 일반, 비전문가 독자에게 지리적 시각으로 세상을 바라보는 데 어떠한 의미가 있는지 깊이 이해할 수 있도록 할 것이다. 추천 도서는 전문 지리학자가 쓴 지리학 일반도서, 특정 지리학 주제와 그 주제를 가지고 토론하는 지리학자의 책, 지리학적 사고를 반영한 비지리학자의 책 등 세 가지로 나뉜다.

지리학자가 지리학의 특성을 소개한 교양서

Danny Dorling and Carl Lee, *Geography* (London: Profile Books, 2016).

영국의 저명한 지리학자 두 명이 쓴 이 책은 지리가 어떻게 세계화, 불평등, 지속 가능성을 반영하고 형성하는지 살펴본다. 이 분야의 과거 전통과 미래에 대한 해설을 추가하여 지리학의 본질과 지향점에 대한 귀중한 개요를 제공한다.

* 한국에 출간된 저자의 다른 책:《불의란 무엇인가 사회 불평등을 지속시키는 다섯 가지 거짓말》, 대니얼 돌링 저/배현 역(21세기북스, 2012년)

Susan Hanson, ed., *Ten Geographic Ideas that Changed the World* (New Brunswick, NJ: Rutgers University Press, 1997).

수잔 핸슨 편,《세상을 변화시킨 열 가지 지리학 아이디어》구자용 등 역(한울, 2009)

이 책은 지리학을 폭넓게 살피기보다 영향력 있는 열 가지 지리학적 개념과 실천에 할애하고 있다. 지도, 장소 감각, 인간 적응과 같은 주제에 대한 에세이는 지리학이 인간 이해에 기여하는 바를 보여준다.

National Research Council, *Rediscovering Geography: New Relevance for Science and Society* (Washington, DC: National Academies Press, 1997).

미국 국가연구위원회 지리학재발견위원회 저, 《지리학의 재발견: 과학과 사회와의 새로운 관련성》, 안영진, 이태수, 김화환, 송예나 역(푸른길, 2021)

지리학의 중요성에 대한 인식이 높아짐에 따라 출간된 이 책은 사회가 직면한 중요한 이슈들을 연구하는 데 지리학이 부여하는 사고, 연구, 도구의 종류에 대한 유익한 개요를 제공한다. 미국에서 지리학의 인지도를 높이고, 미국 학술원 후속 연구의 발판을 마련하는 데 도움을 주었다. (예: 1장, 메모 2 참조).

특정 전공 분야 및 주제에 관한 지리학자들의 연구

Harm J. de Blij, *Why Geography Matters More Than Ever* (Oxford: Oxford University Press, 2012).
하름 데 블레이 저, 《왜 지금 지리학인가》, 유나영 역(사회평론, 2015)

하름 데 블레이는 지리학이 기후변화부터 중국의 부상, 중동에서의 격변까지 글로벌 문제에 대한 중요한 창을 제공한다고 주장한다. 이 책은 또한 지리적인 상황이 전 세계 사람의 삶과 운명에 어떻게 계속 영향을 미치는지 보여준다. 그의 전작 *The Power of Place*는 토마스 프리드먼의 '세계는 평평하다'는 주장을 반박하는 책이다.(*The Power of Place: Geography, Destiny, and Globalization's Rough Landscape* [Oxford : Oxford University Press, 2008]).

Mona Domosh and Joni Seager, *Putting Women in Place: Feminist Geographers Make Sense of the World* (New York: Guilford Press, 2001).

통찰력으로 가득한 이 책은 젠더적 관점과 실천이 지리적인 배치와 이해를 형성하는 무수한 방법에 대해 생각의 문을 연다. 이 책은 오랜 남성 중심의 지리학을 벗어나게 했으며, 광범위한 역사적, 지리학적 접근으로 계속 읽히는 책이 되었다.

Andrew Goudie and Heather Viles, *Landscapes and Geomorphology: A Very Short Introduction* (Oxford: Oxford University Press, 2010).

저명한 자연지리학자 구디Goudie와 바일스Viles는 지표면을 넘어 해저, 화성 및 타이탄까지 지리적 환경의 진화에 대한 생생하고 유익한 개요를 제공한다. 그들이 지형 변화에서 교차하는 힘의 역할 —지질학, 기후학, 인간적— 에 초점을 맞춤으로써 자연환경을 지리학적 시각으로 바라보는 것의 의미를 보여준다.

Martin W. Lewis and Kären Wigen, *The Myth of Continents: A Critique of Metageography* (Berkeley: University of California Press, 1997).

루이스Lewis와 비겐Wigen은 세상을 이해하기 과정에서 당연시되는 지역 구분의 문제를 폭로한다. 그들은 왜 세심한 지리적 사고가 중요한지를 보여주면서 그들이 세계를 나누는 방법의 기초가 되는 지리적 가정에 대해 진지하게 성찰하고 비판적으로 사고하도록 장려한다.

Mark Monmonier, *How to Lie with Maps*, 2nd ed. (Chicago: University of Chicago Press, 2014).
마크 몬모니어 저,《지도와 거짓말》[제3판], 이상일·손일 역(푸른길, 2021)

고전을 현 시대에 맞게 재해석한 몬모니어는 지도 사용과 남용에 대한 흥미롭고 통찰력 있는 평가를 제공한다. 이 책은 독자에게 지도를 단순히 현실을 객관적으로 표현하는 상징물이 아니라 아이디어, 관점, 편견으로 인해 만들어지는 결과물로 인식하도록 돕는다.

Laurence C. Smith, *The World in 2050: Four Forces Shaping Civilization's Northern Future* (New York: Dutton, 2010)

스미스Smith는 지리학의 도구와 기법을 사용하여 향후 수십 년 동안 인구, 환경 및 자원 문제가 북극(및 기타 지역)을 어떻게 변화시킬 것인지 보여준다. 이 책은 수문학, 빙하학, 원격 감지 분야를 전공한 지리학자의 통합적 접근방식이 어떻게 우리의 지구에 대한 보다 광범위하고 혁신적인 사고를 이끌어내는지 훌륭한 사례를 통해 보여준다.

Yi-Fu Tuan, *Space and Place: The Perspective of Experience* (Minneapolis: University of Minnesota Press, 1977).

이 푸 투안 저, 《공간과 장소: 공간에 우리의 경험과 삶, 애착이 녹아들 때 그곳은 장소가 된다》, 윤영호·김미선 역(사이, 2020)

지리학의 인문학적 차원에 대한 인식을 증진시킨 중요한 공헌인 투안Tuan은 지리의 두 가지 핵심 관심사인 공간과 장소가 단순히 모델링되고 추상적으로 설명되어야 할 현상이 아님을 환상적으로 보여준다. 그것들은 인간의 경험에 기본이고 그렇게 이해될 필요가 있다.

＊유사 도서: 에드워드 렐프 저,《장소와 장소상실》, 김덕현·김현주·심승희 역(논형, 2005)

지리학을 공식적으로 전공하지 않은 학자들의 지리학 연구

Jared Diamond, *Guns, Germs, and Steel: The Fates of Human Societies* (New York: W. W. Norton & Co., 1997).

재레드 다이아몬드,《총 균 쇠 : 무기, 병균, 금속은 인류의 운명을 어떻게 바꿨는가》, 김진준 역(문학사상, 2005)

논란의 여지가 있지만 서로 다른 문명의 성쇠가 지적·도덕적 차이가 아니라 지리적 맥락의 변화에서 비롯되었음을 보여주는 놀라운 주장을 펼친다.

David R. Montgomery, *Dirt: The Erosion of Civilizations* (Berkeley: University of California Press, 2012).

데이비드 몽고메리 저,《흙: 문명이 앗아간 지구의 살 갗》,이수영 역(삼천리, 2010)

토양과 문명 사이의 관계에 대한 포괄적인 설명을 시도하는 작품으로, 문명이 지구의 가장 중요한 환경자원을 훼손하는 방식으로 토양을 파괴하고 오용하고 있음을 보여준다.

Saskia Sassen, *The Global City: New York, London, Tokyo, 2nd ed.* (Princeton: Princeton University Press, 2001).

네트워크, 금융의 흐름 및 노동의 이동성이 글로벌 도시의 발전을 이루고 도시 형태, 사회 안정성 및 지속 가능성에 미치는 영향 등 지리적 이슈에 대한 첨예한 토론의 장을 제공한다.

＊저자의 번역된 책: 사스키아 사센 저 ,《사스키아 사센의 세계경제와 도시》, 남기범 · 이원호 · 유환종 · 홍인옥 공역(푸른길, 2016) / 사스키아 사센 저,《경제의 세계화와 도시의 위기》, 남기범 · 유환종 · 홍인옥 공역(푸른길, 1998)

Andrea Wulf, *The Invention of Nature*: *Alexander von Humboldt's New World* (New York: Knopf, 2015).

안드레아 울프 저,《자연의 발명: 잊혀진 영웅 알렉산더 폰 훔볼트》, 양병찬 역(생각의힘, 2021)

현대지리학의 창시자인 알렉산더 폰 훔볼트의 생애와 업적에 대해 종합적으로 설명해준다.

1장

1   Ben Taub, "Lake Chad: The World's Most Complex Humanitarian Disaster," *New Yorker*, December 4, 2017. https://www.newyorker.com/magazine/2017/12/04/lake-chad-the-worlds-most-complex-humanitarian-disaster.

2   National Research Council, *Understanding the Changing Planet: Strategic Directions for the Geographic Sciences* (Washington, DC: National Academies Press, 2010), p. ix.

3   Stuart Elden, "Reassessing Kant's Geography," *Journal of Historical Geography*, 35:1 (2009): 3–25, quote p. 14.

4   RD Dikshit, *Geographical Thought: A Contextual History of Ideas* (Delhi: Prentice-Hall of India, 1997), pp. 3–4.

5   National Research Council, Rediscovering Geography: New Relevance for Science and Society (Washington, DC: National Academies Press, 1997).

2장

1   Peter Jordan, "The Problems of Creating a Stable Political-Territorial Structure in Hitherto Yugoslavia," in Ivan Crkvenčić, Mladen Klemenčić, and Dragutin Feletar, eds., *Croatia: A New European State* (Zagreb: Urednici, 1993): 133–42.

2   Thomas Friedman, *The World is Flat: A Brief History of the Twenty-First Century* (New York: Farrar, Straus and Giroux, 2005).

3   Laurence Smith, Yongwei Sheng, and Glen MacDonald, "Disappearing Arctic Lakes," *Science*, 308 (2005): 5727.

4   Anthony Clavane, "Brexit Heartland and City of Culture Hull Remains in Dangerous Waters," *The New European*, December 19, 2017. http://www.theneweuropean.co.uk/top-stories/brexit-heartland-and-city-of-culture-hull-remains-in-dangerous-waters-1-5322162.

5   Neil M. Coe, Martin Hess, Henry Wai-chung Yeung, Peter Dicken, and Jeffrey Henderson, "'Globalizing' Regional Development: A Global Production Networks Perspective," *Transactions of the Institute of British Geographers*, 29:4 (2004): 468–84.

6   Alexander B. Murphy, "The Sovereign State System as Political-Territorial Ideal: Historical and Contemporary Considerations," in Thomas Biersteker and Cynthia Weber, eds., *State Sovereignty as Social Construct* (Cambridge: Cambridge University Press, 1996): 81–120.

3장

1   Kimberly Lanegran and David Lanegran, "South Africa's National Housing Subsidy Program and Apartheid's Urban

Legacy," *Urban Geography*, 22:7 (2001): 671–86.

2   Ibid.

3   Max Moritz, Chris Topik, Craig Allen, Tom Veblen, and Paul Hessburg, "SNAPP Team: Fire Research Consensus" (Collaborative Project of the Nature Conservancy, the Wildlife Conservation Society, and the National Center for Ecological Analysis and Synthesis at the University of California, Santa Barbara). https://snappartnership.net/ teams/fire-research-consensus/.

4   Jonathan D. Phillips, "Human Impacts on the Environment: Unpredictability and the Primacy of Place," *Physical Geography*, 22:4 (2001): 321–32.

5   Linda McDowell and Doreen Massey, "A Woman's Place?" in Doreen Massey and John Allen, eds., *Geography Matters!* (Cambridge: Cambridge University Press, 1984): 128–47.

6   Food and Agriculture Organization of the United Nations, *Voluntary Guidelines for Securing Sustainable Small-Scale Fisheries in the Context of Food Security and Poverty Eradication* (Rome: Food and Agriculture Organization, 2015).

7   National Academies of Sciences, Engineering and Medicine, *Communities in Action: Pathways to Health Equity* (Washington, DC: National Academies Press, 2017).

8   Carlos A. Nobre, Gilvan Sampaio, Laura S. Borma, Juan Carlos Castilla-Rubio, José S. Silva, and Manoel Cardoso, "Land-Use and Climate Change Risks in the Amazon and the Need of a Novel Sustainable Development Paradigm," *Proceedings of the National Academy of Sciences of the United States of America*, 113:39 (2016): 10759–68.

9   Michael K. Reilly, Margaret P. O'Mara, and Karen C. Seto, "From Bangalore to the Bay Area: Comparing Transportation and Activity Accessibility as Drivers of Urban Growth," *Landscape and Urban Planning*, 92:1 (2009): 24–33.

10   Edward Relph, *Place and Placelessness* (London: Pion, 1976).

11   Kay J. Anderson, "The Idea of Chinatown: The Power of Place and Institutional Practice in the Making of a Racial Category," *Annals of the Association of American Geographers*, 77:4 (1987): 580–98.

12   Samuel P. Huntington, *The Clash of Civilizations and the Remaking of World Order* (New York: Simon & Schuster, 1997).

13   Stephen Zunes, "Bush Again Resorts to Fear- Mongering to Justify Iraq Policy," *Foreign Policy in Focus* (October 12, 2005). https://fpif. org/bush_again_resorts_to_fear-mongering_to_jus tify_iraq_policy/.

14   Nick Halley, *Terrorism: The Target is You! The War Against Radical Islam* (Self-Published, 2004).

15   Linda Lobao, Gregory Hooks, and Ann Tickamyer, eds., *The Sociology of Spatial Inequality* (Albany: State University of New York Press, 2007).

4장

1   Tim Dee, "Our Bleak Exile of Nature," *New York Times*, May 1, 2015. https://www.nytimes.com/2015/05/02/opinion/our-bleak-exile-ofnature.html.

2   Robert D. Kaplan, *The Revenge of Geography: What the Map Tells Us About Coming Conflicts and the Battle Against Fate* (New York: Random House, 2012), and David S. Landes,

The Wealth and Poverty of Nations: Why Some Are So Rich and Some So Poor (New York: WW Norton & Company, 1999).

3   K. O'Brien, R. Leichenko, U. Kelkar, H. Venema, G. Aandahl, H. Tompkins, A. Javed, S. Bhadwal, S. Barg, L. Nygaard, and J. West, "Mapping Vulnerability to Multiple Stressors: Climate Change and Globalization in India," *Global Environmental Change*, 14:4 (2004): 303–13.

4   Laura Pulido, "Rethinking Environmental Racism: White Privilege and Urban Development in Southern California," *Annals of the Association of American Geographers*, 90:1 (2000): 12–40.

5   BL Turner, Eric F. Landin, and Anette Reenberg, "The Emergence of Land Change Science for Global Environmental Change and Sustainability," *Proceedings of the National Academy of Sciences of the United States of America*, 104:52 (2007): 20666–71.

6   United States Geological Survey, Land Change Science Program (website, December 2, 2016). https://www2.usgs.gov/climate_landuse/lcs/.

7   Gilbert F. White, *Human Adjustment to Floods: A Geographical Approach to the Flood Problem in the United States* (Chicago: University of Chicago Geography Research Series no. 29, 1945).

8   Piers Blaikie, *The Political Economy of Soil Erosion in Developing Countries* (Abingdon, Oxon: Longman Scientific and Technical, 1985).

9   Diana M. Liverman, "Drought Impacts in Mexico: Climate, Agriculture, Technology, and Land Tenure in Sonora and Puebla," *Annals of the Association of American Geographers*, 80:1 (1990): 49–72.

10   Hallie Eakin, Alexandra Winkels, and Jan Sendzimir, "Nested Vulnerability: Exploring Cross- Scale Linkages and Vulnerability Teleconnections in Mexican and Vietnamese Coffee Systems," *Environmental Science & Policy*, 12:4 (2009): 398–412.

11   John O'Loughlin, Frank Witmer, Andrew Linke, Arlene Laing, Andrew Gettelman, and Jimy Dudhia, "Climate Variability and Conflict Risk in East Africa, 1990–2009," *Proceedings of the National Academy of Sciences of the United States of America*, 109:45 (2012): 18344–9.

12   이 문제에 대해 더 알고 싶다면 William G. Moseley, Eric Perramond, Holly M. Hapke, and Paul Laris, *An Introduction to Human–Environment Geography: Local Dynamics and Global Processes* (Hoboken, NJ: John Wiley & Sons, 2013).

13   Joshua Muldavin, "From Rural Transformation to Global Integration: Comparative Analyses of the Environmental Conditions of China's Rise," *Eurasian Geography and Economics*, 54:3 (2013): 259–79.

14   William G. Moseley, "Farmers in Developing World Hurt by 'Eat Local' Philosophy in US," *San Francisco Chronicle*, November 18, 2007. https:// www.sfgate.com/opinion/article/ Farmers-in-developing-world-hurt-by-eat-local-3301224.php.

15   "Global South"라는 명칭에 대해 더 알고 싶다면 Alexander B. Murphy, "Advancing Geographical Understanding: Why Engaging Grand Regional Narratives Matters," *Dialogues in Human Geography* 3:2 (2013): 131–49.

16   Leslie McLees, "Intersections and Material Flow on Open-Space Farms in Dar es Salaam, Tanzania," in Antoinette WinklerPrins, ed., *Global Urban Agriculture: Convergence of Theory and Practice between North and South* (Wallingford, UK: CABI International, 2017): 146–58.

17   Michael Hobbes, "Stop Trying to Save the World," *New Republic*, November 17, 2014에서 인용 . https://newrepublic. com/article/120178/problem-international-development-and-plan-fix-it.

5장

1   Roper Public Affairs and National Geographic, *2006 Geographic Literacy Study* (New York: GfK NOP, 2006). https://media.national geographic.org/assets/file/NGS-Roper-2006-Report. pdf.

2   Daniel Hallin, "Whatever Happened to the News?" (Center for Media Literacy, nd). http://www.medialit.org/ reading-room/ whatever-happened-news.

3   The cartoon by Gary Varvel on July 23, 2007. http:// www.cartoonistgroup.com/ store/add.php?iid=19562.

4   Selin Kesebir and Pelin Kesebir, "How Modern Life Became Disconnected from Nature," *Greater Good Magazine*, September 20, 2017. Available at https://greatergood.berkeley. edu/article/item/how_modernlife_became_disconnected_from_ nature.

5   Robert S. McNamara, *In Retrospect: The Tragedy and Lessons of Vietnam* (New York: Times Books, 1995).

6   Thttp://migrationinitiative.org/content/red-desert-hoback-migration-assessment.

7   US Department of the Interior, Order number 3362 (February 9, 2018). Available at https://www.doi.gov/sites/doi. gov/files/uploads/so_3362_migration.pdf

8   Andy Dolan, "£96,000 Merc Written Off as Satnav Leads Woman Astray," Daily Mail, March 16, 2007. http://www.dailymail.co.uk/news/ article-442730/96-000-Merc-written-satnav-leads- woman-astray.html

9   John Edward Huth, The Lost Art of Finding Our Way (Cambridge, MA: Harvard University Press, 2013).

그림 출처

1_1 United Nations Environment Program and DIVA-GIS.

1_3 National Research Council, Rediscovering Geography: New Relevance for Science and Society(Washington, DC: National Academies Press, 1997), p. 29. 14

2_2 P. J. Bartlein, S. P. Harrison, and K. Izumi, "Underlying Causes of Eurasian Mid-Continental Aridity in Simulations of Mid-Holocene Climate," Geophysical Research Letters, 44:17 (2017): 9022. 일부 수정

2_3 Figure originally created by Alexander B. Murphy and Nancy Leeper for Geographical Approaches to Democratization: A Report to the National Science Foundation (printed by the University of Oregon Press for the Geography and Regional Science Program, National Science Foundation, 1995).

2_5 Reproduced with permission from D. J. Weiss, A. Nelson, H. S. Gibson, W. Temperley, S. Peedell, A. Lieber, M. Hancher, E. Poyart, S. Belichior, N. Fullman, B. Mappin, U. Dalrymple, J. Rozier, T. C. D. Lucas, R. E. Howes, L. S. Tusting,

S. Y. Kang, E. Cameron, D. Bisanzio, K. E. Battle, S. Bhatt, and P. W. Gething, "A Global Map of Travel Time to Cities to Assess Inequalities in Accessibility in 2015," Nature, 533 (2018): 334.

2_10   Richard Edes Harrison, Fortune Atlas for World Strategy (New York: Alfred A. Knopf, 1944), pp. 8–9. 일부 수정

2_11   댄 스미스, 《지금 세계》, 김이재 역(청아출판사, 2022), pp. 120-121.

3_1   Kimberly Lanegran and David Lanegran, "South Africa's National Housing Subsidy Program and Apartheid's Urban Legacy," Urban Geography, 22:7 (2001): 678. 62 일부 수정

3_2   Kai Krause, The True Size of Africa (2010).   http://kai. sub.blue/en/africa.html. 일부 수정

4_1   K. O'Brien, R. Leichenko, U. Kelkar, H. Venema, G. Aandahl, H. Tompkins, A. Javed, S. Bhadwal, S. Barg, L. Nygaard, and J. West, "Mapping Vulnerability to Multiple Stressors: Climate Change and Globalization in India," Global Environmental Change, 14:4 (2004): 307.

5_1   Derek Watkins that appeared in conjunction with Andrew E. Kramer and Andrew Higgins, "Ukraine's Forces Escalate Attacks Against Protesters" (New York Times International, February 21), pp. A-1 and 11. Reproduced with permission, © New York Times.

5_2   Matthew J. Kauffman, James E. Meacham, Alethea Y. Steingisser, William J. Rudd, and Emiliene Ostlind, Wild Migrations: Atlas of Wyoming's Ungulates (Corvallis, OR: Oregon State University Press, 2018), p. 139.
© 2018 University of Wyoming and University of Oregon.

찾아보기

찾아보기